本书受国家社科基金重大项目《新时代国家安全法治的体系建设与实施措施研究》(20&ZD190)支持

先秦诸子国家安全经典论说解析

陈翠玉　编著

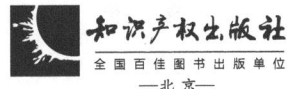

全国百佳图书出版单位
—北京—

图书在版编目（CIP）数据

先秦诸子国家安全经典论说解析/陈翠玉编著. —北京：知识产权出版社，2023.3（2024.9重印）

ISBN 978-7-5130-8379-9

Ⅰ.①先… Ⅱ.①陈… Ⅲ.①先秦哲学—国家安全—哲学思想—研究—中国 Ⅳ.①B220.5②D035.3

中国版本图书馆 CIP 数据核字（2022）第 174276 号

责任编辑：常玉轩　　　　　　　　　　　责任校对：潘凤越
封面设计：陶建胜　　　　　　　　　　　责任印制：刘译文

先秦诸子国家安全经典论说解析

陈翠玉　编著

出版发行	知识产权出版社有限责任公司	网　址	http://www.ipph.cn
社　址	北京市海淀区气象路50号院	邮　编	100081
责编电话	010-82000860 转 8572	责编邮箱	changyuxuan08@163.com
发行电话	010-82000860 转 8101/8102	发行传真	010-82000893/82005070/82000270
印　刷	北京建宏印刷有限公司	经　销	新华书店、各大网上书店及相关专业书店
开　本	720mm×1000mm　1/16	印　张	14.25
版　次	2023年3月第1版	印　次	2024年9月第2次印刷
字　数	212千字	定　价	78.00元
ISBN 978-7-5130-8379-9			

出版权专有　侵权必究
如有印装质量问题，本社负责调换。

课题组

主　编：陈翠玉
副主编：肖　潇　岳晋缘　张启航
成　员：王申萌　陈李君　陈媛媛　王雅倩
　　　　魏　倩　张　毅　陈德贝　杜　强
　　　　袁智飞　赵　丹　孙庆帅　边宗旺
　　　　孙　涛　叶　娜　石亿万　杨　萌
　　　　秦志超　胡雯琦　王鸣杰　李　洋
　　　　杨　悦　张　静　陈驰宇　黄崧峰
　　　　董宇凡　李丽杰　高巧婷　丘洁榆
　　　　林　幸　李良军　韦惜宇　熊　浩
　　　　王冉霁　杨　萌　汪恩东　许思敏

目　录

一、儒　家 *1*

二、墨　家 *54*

三、道　家 *65*

四、法　家 *151*

五、兵　家 *195*

六、杂　家 *210*

编写说明 *218*

一、儒 家

1. 节以制度，不伤财，不害民。——《周易·节·彖》

【原文】

《彖》曰："节亨。"刚柔①分而刚得中。"苦节不可贞"，其道穷也。说以行险②，当位以节，中正以通③。天地节而四时成④。节以制度，不伤财，不害民。

【注释】

① 刚柔：兑为阴卦，为柔。坎为阳卦，为刚。

② 说以行险：内兑为说，外坎为险，互震为行。说，通"悦"。

③ 当位以节，中正以通：指五当位居中以节制坎险，又以中正之德居坎，坎为通。

④ 天地节而四时成：《节》互有震，震为春。下兑为秋。下坎为冬。三变成离，离为夏。天地之数以六十为"节"，故《周易》至六十而有《节》卦，节之以四时，则"四时成"。

【译文】

《象传》说："节制而得亨通。"刚柔以上下区分使阳刚居于中正之位。"一味地苦苦节制则不利"，这是因为过分节制会趋向于困穷。以愉悦的心情经历险情，居于正当之位而行节制之道，处在中正之位行事必然亨通。天地因受到节制而形成四季变化。若以典章制度、度量尺度为节制，则不会损坏财产，也不会伤害民众。

【评析】

《节卦》是《易经》六十四卦的第六十卦。对于天地而言，有节度才能常新；对于国家而言，有节度才能安稳；对于个人而言，有节度才能完美。从国家安全层面讲，"节"就是要求统治者取于民有度，国家才能长治久安。

2. 君子安而不忘危，存而不忘亡，治而不忘乱，是以身安而国家可保也。——《周易·系辞下》

【原文】

子曰："危者，安其位者也；亡者，保其存者也；乱者，有其治者也。是故君子安而不忘危，存而不忘亡，治而不忘乱，是以身安而国家可保也。《易》曰：'其亡其亡，系于苞桑①。'"

【注释】

① 其亡其亡，系于苞桑：此引《否》九五之爻辞。

【译文】

孔子说："危险，可以提醒人们如何安居其位；灭亡，可以提醒人们如何保持存在；动乱，可以提醒人们如何维持治世。所以君子应该在安居其位时不忘记危险的存在，在家国存在时不忘记有可能会遭受灭亡，在天下大治时不忘记会有动乱的隐患，这样自身才可能安居其位，国和家才能保持长久。《易·否》之九五爻辞说：'将要灭亡！将要灭亡！要使我系于如山之固，如桑之坚。'"

【评析】

夏朝和商朝，都曾"受命于天"，明君贤臣层出，拥有过天下和万民，创造过灿烂辉煌的文化，但是最终都落得覆亡的悲惨结局。儒家认为造成如此结果的原因之一便是不懂得谨其始、虑其终，因此儒家将"居安思危"当作安邦治国的基本原则，时常告诫后世必须常备不懈、防微杜渐。

3. 食哉惟时，柔远能迩，惇德允元，而难任人。——《尚书·虞书·舜典》

【原文】

月正元日①，舜格②于文祖，询于四岳，辟四门③，明四目、达四聪④。咨⑤十有二牧⑥曰："食哉惟时⑦，柔远能迩⑧，惇德允元⑨，而难⑩任人⑪，蛮夷⑫率服⑬。"

【注释】

① 月正元日：指正月上旬的吉日。

② 格：祭告。

③ 四门：可理解为四方之门。

④ 明四目、达四聪：苏轼《东坡书传》云："广视听于四方。"

⑤ 咨：告。

⑥ 十有二牧：十二州之官员。

⑦ 食哉惟时："惟时食哉"之倒装。时，通"是"。食，通"饬"，谨敬。

⑧ 柔远能迩：意谓能服外者须使内部亲善。柔，安，驯服。迩，近。

⑨ 惇（dūn）德允元：《东坡书传》云："惇厚其德，信用善人。"惇，厚。允，信。元，善。

⑩ 难：阻，拒。

⑪ 任人：佞人。

⑫ 蛮夷：泛指华夏族以外各个民族。

⑬ 率服：循服，顺服，竞相归服。

【译文】

正月上旬吉日，舜祭告于祖庙，询谋政事于四岳，遍开四方之门，招揽贤俊之士，广接视听于四方，以增加博闻远见。告诫十二州的长官说："多加谨慎啊！能安远者须先使内部亲善，敦厚德行，信任善人，远离巧言令色的小人，就能感化四方蛮夷之族竟相归服了。"

【评析】

治国安邦之要在于定内安外。要想使外部安定，必须先使内部和谐、稳定。处理好内部事务，外部威胁也就自然而然消失了。而要实现内部和谐稳定，执政者应"惇德允元，而难任人"，即一方面要不断增长自身的德行，另一方面要知人善任，选用贤善之人，远离奸邪小人。面对外部威胁最有效的防止工具就是强大自己，不断提升自我的综合实力，以自己的制度与文化优势使外敌心悦诚服归附，化外部威胁于无形中。

4. 五刑有服，五服三就；五流有宅，五宅三居。惟明克允。——《尚书·虞书·舜典》

【原文】

帝曰："皋陶，蛮夷猾夏①，寇②贼③奸宄④，汝作士⑤。五刑⑥有服⑦，五服三就⑧；五流有宅⑨，五宅三居⑩。惟明克允⑪。"

【注释】

① 猾夏：侵乱中国。猾，乱。
② 寇：群行攻劫为害。
③ 贼：害人，违法。
④ 奸宄（guǐ）：盗窃、凶乱。
⑤ 士：官名。兼执兵、刑之事。
⑥ 五刑：这里指甲兵、斧钺、刀锯、钻笮、鞭扑五种刑具。

⑦ 服：承受。意即服刑。
⑧ 三就：指原野、市、朝三个行刑之处。
⑨ 五流有宅：意谓五刑之流，各有所居。
⑩ 五宅三居：谓五刑之流所居之处按远近分为三等。
⑪ 惟明克允：意谓必须明察使刑当其罪，众人方能信服。

【译文】

帝舜又说："皋陶，现在外有蛮夷侵伐，内有违法害民、盗窃作乱之事，你去担任士，兼掌军事和刑狱。五刑都要有承服者，原野、市、朝各当其处；宽宥五刑相应的流刑，远近各等须各有所居。但要明察刑案以定其罪，众人才能信服。"

【评析】

面对国家内忧外患的局面，舜并没有采用严刑峻法、轻罪重罚的治理策略。他任命皋陶为士主掌军事与刑狱，并告诫皋陶要根据罪情的大小决定刑罚的尺度，罪责刑要相一致。案件处理得当与否的评价标准并不是看执政者是否满意，而是看百姓是否信服。

5. 慎厥身，修思永。惇叙九族，庶明励翼，迩可远在兹。——《尚书·皋陶谟》

【原文】

曰若稽古，皋陶曰："允迪厥德①，谟明弼谐②。"禹曰："俞③！如何？"皋陶曰："都④！慎厥身⑤，修思永⑥。惇叙九族⑦，庶明励翼⑧，迩可远在兹。"禹拜昌言曰⑨："俞！"

【注释】

① 允：信。迪：导，遵循。厥：代词，其，指古代贤帝王，当指尧。德：道德。

②谟：通"谋"，指治国方略。明：《尔雅-释诂》云："明，成也。"弼：辅弼，指大臣。谐：和谐，团结一致。

③俞：表示肯定意义的副词。

④都：叹词。

⑤慎厥身：谓努力提高修养。慎，谨慎。厥，其，指自身。

⑥修：治，指品德锻炼。永：久。

⑦惇（dūn）：厚。叙：《史记》作"序"，次第。九族：指同族的人。

⑧庶：众。明：圣明。励：努力。翼：辅助。

⑨昌言：美言。

【译文】

传说皋陶和禹在帝舜面前，讨论治理国家的事情。皋陶说："相信并按照先王的道德处理政务，这样就能够使谋略实现，大臣之间也就能团结一致，同心同德了。"禹说："对啊！如何才能这样呢？"皋陶说："都应当严格地要求自己，努力提高品德修养，在提高品德修养的时候，应当从大处着眼，从长远考虑。以宽厚的态度对待同族的人，使他们也贤明起来，努力辅佐你治理国家，由近及远，先从自身做起。"禹非常佩服这种高明的见解，说："对啊！"

【评析】

《尚书·皋陶谟》是舜、禹、皋陶等人关于如何继承尧的光荣传统有效治理国家的对话。在这场对话中，皋陶一共提出了六点建议，而修身被放在了首要位置。齐家、治国乃至平天下，都以修身为基础。修身之后，方能惇叙九族，庶明励翼，迩可远在兹。正所谓"为政之道，修身为本"是也。

6. 八政：一曰食，二曰货，三曰祀，四曰司空，五曰司徒，六曰司寇，七曰宾，八曰师。——《尚书·洪范》

【原文】

八政：一曰食①，二曰货②，三曰祀③，四曰司空④，五曰司徒⑤，六曰司寇⑥，七曰宾⑦，八曰师⑧。

【注释】

① 食：民食。指农业。
② 货：财货。指手工业、商业。
③ 祀：祭祀等宗教活动。
④ 司空：掌管居民的官。
⑤ 司徒：掌管教育的官。
⑥ 司寇：掌管司法的官。
⑦ 宾：礼宾、朝觐等外交事务。
⑧ 师：军事。指军事活动。

【译文】

要做好八项政务：一是农业生产，二是手工生产和商业贸易，三是宗教祭祀活动，四是内务民政，五是教育文化，六是公安司法，七是礼宾外交，八是军事行动。

【评析】

"洪"，大也。"范"，法也。《洪范》者，大法也。相传武王向箕子寻求治国之道，箕子告知武王，天帝曾传授给禹的"大法九章"，其中一章为八政，即要治理好国家必须处理好的八项事务，涉及经济、文化、军事、政治、外交、司法等方方面面。要令国家长治久安，不可遗漏其中任何一方面。《左传》有言，"国之大事，在祀与戎。"但在箕子看来，祀与戎不及"食"与"货"重要。食与货，是生民之本，共同构成了稳固国家的经济基础。

7. 往尽乃心,无康好逸,乃其乂民。——《尚书·康诰》

【原文】

王曰:"呜呼!小子封,恫瘝①乃身,敬②哉!天畏③棐忱,民情大可见,小人④难保。往尽乃心,无康⑤好逸,乃其乂⑥民。我闻曰:'怨不在大,亦不在小。'惠不惠⑦,懋不懋⑧。已⑨!汝惟小子,乃服⑩惟弘。王应保殷民,亦惟助王宅天命,作新民。"

【注释】

① 恫(tōng)瘝(guān):痛病。

② 敬:警觉,警惕。

③ 畏:通"威"。

④ 小人:小民。

⑤ 康:乐。

⑥ 乂:治理。

⑦ 惠不惠:施恩惠于不驯顺的人。前一"惠"字作动词,施惠;后一"惠"字释为驯顺。

⑧ 懋不懋:劝勉不勤勉的人。

⑨ 已:叹词。

⑩ 服:官事,职务。

【译文】

王说:"啊!封呀,百姓的痛苦像缠在你的身上一样,你要注意啊!老天的威严不可测知,可是民情却是很容易见到的,要知道老百姓是难于安抚的。你去了之后,要尽心尽力办事,不要老是贪图安逸,爱好享乐,这才能治理好百姓生活。我听说:'百姓的怨恨不一定出在大事上,也不一定出在小事上。'因此你要小心,善于施惠于那些不驯顺的人使之柔顺，劝勉那些不勤勉的人使之勤于职事。唉！你虽年轻，担当的职务可非常重大。我周王已承受了天命来保养殷民，你要助我王家安定好这天命，把这些殷民改造成新的百姓。"

【评析】

《康诰》是周公对即将上任的康叔的训诫之辞。周公告诫康叔，对待百姓要像待上天一样谨慎。天意不可窥，民情、民意却是随处可见的。周公指出，民意即是天意，民心即是天心。唯有尽心尽力、小心谨慎才能探得民情。对症下药自然能安抚好百姓。因此，他劝诫康叔不要贪图享乐，要始终以民为天，以民为中心，要像应对自己身体的疾病那样解决好百姓所担忧的问题。

8. 用康乃心，顾乃德，远乃猷，裕乃以民宁。不汝瑕殄。——《尚书·康诰》

【原文】

王曰："呜呼！封，敬哉！无作怨①，勿用非谋非彝②蔽时忱，丕则③敏德④。用康⑤乃心，顾乃德，远乃猷⑥，裕乃以民宁。不汝瑕殄⑦。"

【注释】

① 怨：引起怨恨的事情。

② 彝：常法。

③ 丕则：于是。

④ 敏德：勉行政教。

⑤ 康：安好。

⑥ 猷（yóu）：谋略。

⑦ 不汝瑕殄（tiǎn）：不以你传世久远而灭绝。瑕，通"遐"，远。殄，绝。

【译文】

王说:"啊!封呀,你要注意啊!不要做引起百姓怨恨的事,不要让失误的谋划和法令败坏了你的威信,要能勤勉政教。稳定你的思想,省察你的德行,你的谋虑深远才能给予百姓安宁,你的国祚才会一直传世久远,不遭灭绝。"

【评析】

执政者光有一颗待民的诚心是不够的,还要及时检查自己的政策、法令是否符合或有利于民众的利益。天下的治乱、一国的安危和百姓的苦乐,均与执政者德行相关。因此,执政者要时刻提高自己的德行,以身作则、为政以德……做到了这些,才能"不汝瑕殄"。

9. 兹予其明农哉!彼裕我民,无远用戾。——《尚书·洛诰》

【原文】

乃惟孺子颁①,朕不暇听②。朕教汝于棐民彝③,汝乃是④不蘉⑤,乃时⑥惟不永哉。笃⑦叙乃正、父⑧,罔不若予⑨,不敢废乃命。汝往敬哉!兹予其明农⑩哉!彼裕我民,无远用戾⑪。

【注释】

① 颁:颁赐。

② 朕不暇听:孙诒让《尚书骈枝》说:"不敢受命之意。"

③ 彝:法。

④ 乃是:若是,如果。

⑤ 蘉(máng):勉。

⑥ 时:统治时间。

⑦ 笃:厚。

⑧ 正、父:二者都是官长。

一、儒 家 ◆

⑨ 罔不若予：无不像我。
⑩ 明农：王夫之《书经稗疏》说："经理疆埸之事。"
⑪ 戾：乖戾。

【译文】

我王颁赐我大功，我不敢受命。我教告你民众非法之事，你如果不勉力，那就不能长治久安。要厚待众官之长，就像我一样对待百官之长，那么他们也会像我一样不敢废弃你的教令。你去吧，要恭敬谨慎啊！现在我准备去搞好农田疆界！用来丰富加厚百姓的生计，那就可以长远安稳了。

【评析】

《洛诰》成文的背景是周公营建洛邑完工后，请求成王率众官到洛邑举行祭祀、主持国政。因当时民心还不够稳定，成王决定留下周公继续居洛，以便治理东土，史官将成王与周公讨论告答之辞记录下来，即成《洛诰》。周公提醒成王要厚待官员，君臣上下一心方能治理好国家，并告知成王自己将要从农业着手，使百姓富足，从而使国家长久安定。周公的提醒一方面反映出其重视农业的经济思想，另一方面表现出其利民安民的意识。

10. 其克诘尔戎兵以陟禹之迹，方行天下，至于海表。——《尚书·立政》

【原文】

其克①诘②尔戎兵以陟禹之迹③，方行④天下，至于海表⑤，罔有⑥不服，以觐⑦文王之耿光⑧，以扬武王之大烈⑨。

【注释】

① 克：能。

② 诘：治理。

③ 陟（zhì）禹之迹：循行大禹的足迹，意指统一天下。陟，提升，此处意为遵循。

④ 方行：广行，遍行。

⑤ 海表：海外。

⑥ 罔（wǎng）有：没有。

⑦ 觐（jìn）：见，此处意为显扬。

⑧ 耿光：光明，光辉。耿，明亮。

⑨ 大烈：伟大的功业。

【译文】

您要治理好军队，循着大禹的足迹，遍行天下，直至海外，使普天之下没有不臣服的人，以此来显扬文王圣德的光辉，继续武王伟大的功业。

【评析】

《立政》是周公对成王的诰辞。成王执政以后，国家逐渐趋于稳定，太史公称"成王在丰，天下已安"。但面对王朝统治初期殷人屡叛的前车之鉴，周公强调"诘戎兵"的重要性，告诫成王不能忘记加强军队建设。军队是彰显执政者圣德、维护国家安全的根本力量。

11. 穆穆在上，明明在下，灼于四方，罔不惟德之勤。
——《尚书·吕刑》

【原文】

穆穆①在上，明明②在下，灼③于四方，罔不惟德之勤。故乃明于刑之中④，率⑤乂于民棐彝。典狱⑥，非讫⑦于威，惟讫于富。敬忌⑧，罔有择⑨言在身。惟克⑩天德，自作元命⑪，配享⑫在下。

一、儒 家

【注释】

① 穆穆：和敬的样子。指天子。
② 明明：光辉的样子。指臣民。
③ 灼：彰显。
④ 刑之中：用刑适中。
⑤ 率：语助词。
⑥ 典狱：主持刑狱。
⑦ 讫（qì）：止。
⑧ 忌：戒。
⑨ 择：败。
⑩ 克：肩负。
⑪ 元命：大命。
⑫ 配享：配合天命而享其禄位。

【译文】

那个时候，君主秉持着美好的品德在上，群臣努力明察、建立事功在下，政治清明，光辉普照四方，没有人不勤于德行了。所以用刑适中，为的是引导治理百姓远离非法活动。掌刑狱的士师，也不应以立威为目标，而应该为民造福。要时刻敬畏戒惧，远离恶言。如此才能肩负老天赐予的大德，才是自己成就大命，可以配享天禄。

【评析】

法律是巩固国家政权、维护国家安全的有效工具。但法律不是万能的。治理国家不应滥用刑罚，而应当贯彻"明德慎罚"的原则，注意发挥德教的功能。首先，对德教的适用须在刑罚之前，即能够用德教解决问题的，应优先用德教。其次，在万不得已动用刑罚时，也必须保持适中且谨慎的态度，始终牢记刑罚的目的并非单纯的惩戒，而是要引导人向善。

12. 死生契阔，与子成说。执子之手，与子偕老。——《诗经·邶风·击鼓》

【原文】

击鼓其镗①，踊跃用兵。土国城漕②，我独南行。从孙子仲③，平陈与宋。不我以归④，忧心有忡⑤。爰居爰处⑥？爰丧其马？于以求之？于林之下。死生契阔⑦，与子成说⑧。执子之手，与子偕老。于嗟阔兮，不我活兮⑨。于嗟洵兮⑩，不我信兮⑪。

【注释】

① 镗：鼓声。

② 土国：在国内服土工劳役。城漕：在漕邑修筑城墙。"土"和"城"在此用作动词。

③ 孙子仲：一说公孙文仲，字子仲，卫国世卿，当时任征南的将领。

④ 不我以归：不让我回来。

⑤ 有忡（chōng）：忡忡，心神不宁。

⑥ 爰：何处。

⑦ 契：合。阔：离。

⑧ 子：你。这里指作者的妻子。成说：约定誓言。

⑨ 活：当作"佸"解，聚会。

⑩ 洵：长久。

⑪ 信：守信用。

【译文】

战鼓擂得震天响，兵士踊跃练武忙。有的修路筑城墙，我独从军到南方。跟随将军孙子仲，陈宋纠纷得平定。战事结束仍难归，内心忧愁神不宁。何处居啊何处住？战马丢失在何处？哪儿能找我的马？丛林深处大树下。"生生死死不分离"，咱们誓言记心里。我曾紧握你的手，到老和你在一起。可叹相距太遥远,我们不能重相见。可叹分别太长久,难以实现我的誓言。

【评析】

陈宋纠纷平定,战争结束。远征他国作战、长期不得还乡的士兵,十分思念家乡和亲人,却不知何时才是归期。长期的战争带给民众的是有家难回、亲友离别的无尽痛苦。追求和平是百姓的共同愿望。和平发展才符合社会民众的根本利益。

13. 道千乘之国,敬事而信,节用而爱人,使民以时。
——《论语·学而》

【原文】

子曰:"道①千乘之国②,敬事③而信,节用而爱人④,使民以时⑤。"

【注释】

① 道:作动词,治理。

② 千乘之国:"乘"音"剩"(shèng),古代用四匹马拉着的兵车。

③ 敬事:"敬"字一般用于表示工作态度,因之常和"事"字连用,如"事君敬其事而后其食"。

④ 爱人:古代"人"字有广狭两义。广义的"人"指一切人群,狭义的"人"只指士大夫以上各阶层的人。这里和"民"(使民以时)对言,用的是狭义。

⑤ 使民以时:古代以农业为主,"使民以时"即是《孟子·梁惠王上》的"不违农时",因此用意译。

【译文】

孔子说:"治理一个具有一千辆兵车的国家,就要严肃认真地对待工作,信实无欺,节约费用,爱护官吏,役使老百姓要在农闲时间。"

【评析】

"敬事而信"是执政者应有的姿态，不仅是一种外在的态度，更是一种内在感情的流露。"节用而爱人"是从政者应该掌握的方法。"节用"就是指从政者应当节约财政开支，不铺张浪费；"爱人"即对自己的下属应当爱护和体恤。"使民以时"是执政者应有的品行。执政者应当珍惜民力，非不得已时不役使百姓，尤其是不能在农忙时乱役使百姓。

14. 为政以德，譬如北辰居其所而众星共之。——《论语·为政》

【原文】

子曰："为政以德，譬如北辰①居其所而众星共②之。"

【注释】

① 北辰：孔子所说的北辰，不是指天球北极，而是指北极星。
② 共：同"拱"，与《左传·僖公三十二年》"尔墓之木拱矣"的"拱"意义相近，环抱、环绕之意。

【译文】

孔子说："用道德来治国理政，自己便会像北极星一般，在一定的位置上，别的星辰都环绕着它。"

【评析】

"为政以德"的主张，是对周公"明德慎罚"思想的继承与发展。以孔子为代表的儒家认为，"德治"与"法治"一样都是治理国家的手段。其中，"德治"优于"法治"。德，不仅是立身之本，是人们言行的评价标准，更是赢取民心、治国理政的关键。执政者若施行德政，天下百姓自然会在其德行的感召下一心向善。唯如此，社会才能和谐、稳定，国家才能长治久安。

15. 道之以政，齐之以刑，民免而无耻；道之以德，齐之以礼，有耻且格。——《论语·为政》

【原文】

子曰："道①之以政，齐之以刑，民免②而无耻；道之以德，齐之以礼，有耻且格③。"

【注释】

① 道：有人把它看成"道千乘之国"的"道"，治理的意思。也有人把它看成"导"字，引导的意思，比取后一说。

② 免：先秦古书若单用一个"免"字，一般都是"免罪""免刑""免祸"的意思。

③ 格：这个字的意义本来很多，在这里有把它解为"来"的，也有解为"至"的，还有解为"正"的，更有写作"恪"、解为"敬"的。这些不同的讲解都未必符合孔子原意。此处用"人心归服"来解释。

【译文】

孔子说："用政法来引导他们，用刑罚来整顿他们，人民只是暂时地免于罪过，却没有廉耻之心。如果用道德来引导他们，用礼教来整顿他们，人民不但有廉耻之心，而且人心归服。"

【评析】

"为政以刑"与"为政以德"都能起到减少犯罪、维护社会治安的治理效果。然而，这两种治国方针所带来的实质影响是完全不同的。政刑只能从外在打击犯罪，而不能使人从内心向善；德礼却是从内心来教化人。为政以刑，只能发挥一时的社会控制作用。为政以德，则可最大程度激发每个人本来就有的廉耻之心，从而真正蒙恶于未发。维护良好社会秩序的长久之计不在政刑，而在德礼。

16. 攻乎异端，斯害也已。——《论语·为政》

【原文】

子曰："攻①乎异端②，斯③害也已④。"

【注释】

① 攻：《论语》共见四次"攻"字，像《先进篇》的"小子鸣鼓而攻之"，《颜渊篇》的"攻其恶，无攻人之恶"的三个"攻"字都当"攻击"解，这里也不应例外。

② 异端：孔子之时，自然还没有诸子百家，因之很难译为"不同的学说"，但和孔子相异的主张、言论未必没有，所以译为"不正确的议论"。

③ 斯：连词，"这就"的意思。

④ 已：应该看为动词，止也。

【译文】

孔子说："批判那些不正确的议论，祸害就可以消灭了。"

【评析】

治国理政要勇于反对一切不当言论，消灭祸患。这里的"异端"相对于"正统"而言，是对社会主流思想和意识形态之外的异己思想、理论的通称，指正统学说之外的所有杂书杂说，即儒家学说之外的旁门左道。钱穆先生认为异端是泛指。一事必有两头，一线必有两端，从这端看，那端是异端；从那端看，这端是异端。若专向反对的一端用力，那就有害了。若双方各执一端，那就有害了；不同意见彼此切磋，不专执一端，祸害自然就没有了。

17. 举直错诸枉，则民服；举枉错诸直，则民不服。——《论语·为政》

【原文】

哀公①问曰："何为则民服？"

孔子对曰②："举直错诸枉③，则民服；举枉错诸直，则民不服。"

【注释】

① 哀公：鲁君，姓姬，名蒋，定公之子，继定公而即位，在位二十七年。"哀"是谥号。

② 孔子对曰：《论语》的行文体例是，臣下对答君上的询问一定用"对曰"，这里孔子答复鲁君之问，所以用"孔子对曰"。

③ 错诸枉："诸"字看作"之于"的合音，"错"同"措"，放置。

【译文】

鲁哀公问道："要做些什么事才能使百姓服从呢？"

孔子答道："把正直的人提拔出来，放在邪曲的人之上，百姓就服从了；若是把邪曲的人提拔出来，放在正直的人之上，百姓就会不服从。"

【评析】

执政者在选拔人才时应该选贤举能，远离奸佞小人。选拔官员要注重才能和品行，这样才能保证有才之人、有德之人在国家治理中发挥最大作用。选用正直的人，民心归顺，国家安定。而一旦错用了小人，百姓就会反抗，国家就会陷入动荡，这是致命的灾害。

18. 足食，足兵，民信之矣。——《论语·颜渊》

【原文】

子贡问政。

子曰："足食，足兵①，民信之矣。"

子贡曰："必不得已而去，于斯三者何先？"

曰："去兵。"

子贡曰："必不得已而去，于斯二者何先？"

曰："去食。自古皆有死，民无信不立。"

【注释】

① 兵：在"五经"和《论语》《孟子》中，"兵"字多指兵器，但也偶有解作兵士的。但此"兵"字仍以解为军器为宜，故以军备译之。

【译文】

子贡问怎样治理政事。

孔子道："粮食充足，军备充足，人民对政府就有信心了。"

子贡道："如果迫于不得已，在粮食、军备和人民的信心三者之中一定要去掉一项，先去掉哪一项？"

孔子道："去掉军备。"

子贡道："如果迫于不得已，在粮食和人民的信心两者之中一定要去掉一项，先去掉哪一项？"

孔子道："去掉粮食。（没有粮食，不过死亡，但）自古以来谁都免不了死亡。如果人民对政府缺乏信心，国家是站不起来的。"

【评析】

民心向背关乎国家存亡。在粮食、军备和百姓信任三者中，最重要、最不能丢弃的就是百姓的信任。执政者治国理政要取信于民。执政者只有取信于民、让民众真正信任自己，才能得到民众真心的信任和支持，这是国家政权稳定、安全的基础与保障。若得不到百姓的信任，国家政权就不会稳固。

一、 儒　家

19. 居之无倦，行之以忠。——《论语·颜渊》

【原文】

子张问政。

子曰："居之无倦，行之以忠。"

【译文】

子张问政治。

孔子答道："在位不要疲倦懈怠，执行政令要忠心。"

【评析】

执政者身居其位要勤政、爱民，时刻以高标准要求自己，要将百姓的事看作大事。"居之无倦"就是要求执政者对待工作要永不懈怠，任劳任怨。"行之以忠"，就是要求执政者始终忠于国家，爱护百姓，不遗余力地满足百姓的生产、生活需要。

20. 其身正，不令而行；其身不正，虽令不从。——《论语·子路》

【原文】

子曰："其身正，不令而行；其身不正，虽令不从。"

【译文】

孔子说："统治者本身行为正当，不发命令，事情也行得通；他本身行为不正当，纵三令五申，百姓也不会信从。"

【评析】

国家的政令能否得到有效贯彻的关键在于执政者自身。执政者要依靠个人良好的言行举止来影响和号召民众，而不是仅仅依靠命令治理国家。如果执政者自己的行为正当，百姓会自动遵守，但如果执政者自己的行为不正当，即使强制推行命令，也难以取得好的治理效果。执政者只有做到以身作则、言行一致，才能在百姓的心中树立威信，才能使整个国家上下一心，才能维护国家的安全与稳定。

21. 民之于仁也，甚于水火。——《论语·卫灵公》

【原文】

子曰："民之于仁也，甚于水火①。水火，吾见蹈而死者矣，未见蹈仁而死者也。"

【注释】

① 甚于水火：《孟子·尽心上》说："民非水火不生活"，译文摘取此意，故加"需要"二字。

【译文】

孔子说："百姓需要仁德，更急于需要水火。我看见有往水火里去而死了的，却从没有看见践履仁德而死了的。"

【评析】

《中庸》有言："仁者，人也。"只有践行"仁"的人，才是健全的"人"，才能真正称之为"人"。百姓渴望仁，执政者更应当践行仁，施行"仁政"。孔子所提之仁，其实就是尊重每一个人的生命、价值与尊严，这是国家安定的基础。

22. 不患寡而患不均，不患贫而患不安。——《论语·季氏》

【原文】

季氏将伐颛臾①。冉有、季路见于孔子曰："季氏将有事②于颛臾。"

孔子曰："求！无乃尔是过③与？夫颛臾，昔者先王以为东蒙主④，且在邦域之中矣。是社稷之臣也，何以伐为？"

冉有曰："夫子欲之，吾二臣者，皆不欲也。"孔子曰："求！周任⑤有言曰：'陈力就列⑥，不能者止。'危而不持，颠而不扶，则将焉用彼相⑦矣？且尔言过矣，虎兕出于柙⑧，龟玉毁于椟中，是谁之过与？"

冉有曰："今夫颛臾，固而近于费⑨，今不取，后世必为子孙忧。"孔子曰："求！君子疾夫舍曰'欲之'而必为之辞。丘也闻有国有家者，不患寡而患不均，不患贫而患不安。盖均无贫，和无寡，安无倾。夫如是，故远人不服，则修文德以来之；既来之，则安之。今由与求也，相夫子，远人不服而不能来也，邦分崩离析而不能守也，而谋动干戈于邦内；吾恐季孙之忧，不在颛臾，而在萧墙⑩之内也。"

【注释】

① 颛臾：国名，附属于鲁国。
② 事：指战事。
③ 过：责怪。
④ 东蒙：即蒙山。主：主持祭祀。
⑤ 周任：古代一位史官。
⑥ 陈：施展。列：指职位。
⑦ 相：扶助盲人的人。
⑧ 兕：雌性犀牛，或说野牛。柙：关兽的笼子。
⑨ 费（bì）：地名，季氏私邑。
⑩ 萧墙之内：指鲁君。"萧墙"是鲁君所用的屏风。人臣至此屏风，便会肃然起敬，所以叫做萧墙。

【译文】

季氏准备攻打颛臾。冉有、子路两人谒见孔子，说道："季氏准备对颛臾使用兵力。"孔子道："冉求！这难道不应该责备你吗？颛臾，上代的君王曾经授权他主持东蒙山的祭祀，而且它的国境早在我们最初被封时的疆土之中，这正是和鲁国共安危存亡的藩属，为什么要去攻打它呢？"

冉有道："季孙要这么干，我们两人本来都是不同意的。"孔子道："冉求！周任有句话说：'能够贡献自己的力量，这再任职；如果不行，就该辞职。'譬如盲人遇到危险，不去扶持；将要摔倒了，不去搀扶，那又何必用助手呢？你的话是错了。老虎犀牛从槛里逃了出来，龟壳美玉在匣子里毁坏了，这是谁的责任呢？"

冉有道："颛臾，城墙既然坚牢，而且离季孙的采邑费地很近。现今不把它占领，日子久了，一定会给子孙留下祸害。"孔子道："冉求！君子就讨厌（那种态度，）不说自己贪心无厌，却一定另找借口。我听说过：无论是诸侯或者大夫，不必着急财富不多，只需着急财富不均；不必着急人民太少，只需着急境内不安。若是财富平均，便无所谓贫穷；境内和平团结，便不会觉得人少；境内平安，便不会倾危。做到这样，远方的人还不归服，便再修仁义礼乐的政教来招致他们。他们来了，就得使他们安心。如今仲由和冉求两人辅相季孙，远方之人不归服，却不能招致；国家支离破碎，却不能保全；反而想在国境以内使用兵力。我恐怕季孙的忧愁不在颛臾，却在鲁君哩。"

【评析】

春秋时期，周王室衰微，权力下落到了诸侯手中。到了孔子的时代，权力进一步下落到了卿大夫之手。孔子借季氏将伐颛臾这件事，表达出对现存政治秩序的不满和自己的治国主张。孔子认为，发展经济，富足百姓是国家稳定的根基。平均分配社会财富，保障百姓衣食无忧，百姓之间才能和平相处，社会才会安定，国家才会安宁、富强。

23. 宽则得众，信则民任焉，敏则有功，公则说。——《论语·尧曰》

【原文】

尧曰："咨！尔舜！天之历数在尔躬①，允执其中②。四海困穷，天

一、儒 家

禄永终。"舜亦以命禹。

曰:"予小子履敢用玄牡③,敢昭告于皇皇后帝④:有罪不敢赦。帝臣不蔽,简在帝心⑤。朕躬有罪,无以万方。万方有罪,罪在朕躬。"

周有大赉⑥,善人是富。"虽有周亲⑦,不如仁人。百姓有过,在予一人。"

谨权量⑧,审法度⑨,修废官,四方之政行焉。兴灭国,继绝世,举逸民,天下之民归心焉。

所重:民,食,丧,祭。

宽则得众,信则民任焉,敏则有功,公则说。

【注释】

① 历数:指帝王相继的次序。

② 允:诚信。

③ 履:商汤的名字。玄牡:黑色的公牛。或说这一段是商汤祈雨之词。

④ 昭:明白。后帝:天帝。

⑤ 简:即简阅,考察。

⑥ 赉:赏赐,这里指封诸侯。

⑦ 周亲:至亲。或说此下四句即周武王封诸侯之辞。

⑧ 权:秤。量:斗斛。

⑨ 法度:指量长度的寸、尺、丈等。

【译文】

尧说:"咨!舜啊!上天所定的帝王列位已经落到你身上了,要忠实地执行正确原则。如果四海百姓陷入穷困之中,上天赐你的禄位也就永远终结了。"

舜也以同样的话告诫禹。

商汤说:"我小子履谨用黑色公牛作祭品,明白地禀告庄严伟大的天帝;对于有罪的人我不敢擅自赦免。对于天帝臣仆的善恶,我也不会欺瞒掩盖，天帝心中自是明察一切。我若有罪，不要牵累天下万方。天下万方若有罪，则归我一人承担。"

周朝广封诸侯，使善人都富贵起来。"我虽有至亲，但不如有仁人。如果百姓有过失，由我一人承担。"

谨慎检验并审定度量衡，修复废弃不全的官职，四方的政令就通行了。复兴灭亡的国家，再续受封者断绝的后代，举用遗逸的人才，天下的百姓都会诚心归附了。

所重视的是：人民、粮食、丧礼、祭祀。宽厚就得民心，诚信就得人任用，勤敏就会有功绩，公平就会使百姓高兴。

【评析】

"宽"指做人要心胸宽广，不要过分强调别人的错误，与他人和平相处。"信"指诚信，只有诚信的人，才能赢得别人的尊重。统治者也一样，要取信于民，让老百姓信任自己，这样才能管理好自己的国家，得到人民的拥护。"敏"指反应快，遇到紧急情况要快速反应，这样才能立功。"公"指公平，缩小贫富差距，这样才能安抚民心，社会才能稳定。

24. 民生在勤，勤则不匮。——《左传·宣公十二年》

【原文】

栾武子曰①："楚自克庸以来，其君②无日不讨③国人而训之于民生之不易、祸至之无日、戒惧之不可以怠。在军，无日不讨军实④而申儆⑤之于胜之不可保、纣之百克而卒无后，训之以若敖、蚡冒⑥筚路⑦蓝缕⑧以启山林⑨。箴之曰：'民生在勤，勤则不匮。'不可谓骄。先大夫子犯有言曰：'师直为壮，曲为老。'我则不德⑩，而徼怨于楚。我曲楚直，不可谓老。其君之戎，分为二广⑪，广有一卒，卒偏之两。右广初驾⑫，数⑬及日中；左则受之，以至于昏。内官⑭序当其夜，以待不虞，不可谓无备。"

一、儒家

【注释】

① 栾武子：栾书。

② 其君：指楚庄王。

③ 讨：治。

④ 军实：指军中将士。

⑤ 申儆（jǐng）：再三告诫。

⑥ 若敖、蚡冒：均为楚国的远祖。

⑦ 筚（bì）路：用竹木编成的车。筚，以荆柴编物。路，通"辂"，大车。

⑧ 蓝缕：同"褴褛"，破旧的衣服。

⑨ 启山林：指开辟山林，垦拓荒野。

⑩ 不德：做事不合道德。

⑪ 广：广，以及下文的卒、偏、两均为楚国军队中的编制。楚王亲兵分为左右两部，每部叫广。楚以十五乘兵车为一偏，两偏为三十乘。三十乘为一卒，一卒就是一广。

⑫ 初驾：先驾。

⑬ 数：数其时刻。

⑭ 内官：国君左右亲近的臣僚。

【译文】

栾书说："楚国自攻克庸国以来，其君没有一天不在治理楚民，并教导他们注意：人生之艰难不易，灾祸没几天就会到来，警戒、畏惧之心不可懈怠。在军中，没有一天不在治理将士，并一再告诫他们注意：胜利无法长保，殷纣王虽然百战百胜，但最终亡国绝后。又用若敖、蚡冒乘着简朴柴车穿着破旧衣服开辟山林的事迹来教导楚人。还用良言规劝道：'人之生计在于勤，勤则不匮乏。'故而不能说楚军已经骄傲了。先大夫子犯曾经说过：'军队理直则士气盛壮，理曲则士气衰老。'这次是我们做事不符合道德，跟楚结下怨恨，我们理曲，楚国理直，不能说楚军士气衰老。楚君亲兵的战车，分为左右二广，每广又配有步兵一

'卒'，又有一'偏'与一'两'为其后备。右广在鸡初鸣时即驾车巡视，时至中午而止；然后由左广接替，直到黄昏。近臣依次值夜班，以防不测，故不能说楚军无备。"

【评析】

栾武子对楚国进行了一番分析，他认为楚国之所以如此强大，主要因为三方面因素：第一，楚国注重内政，教化民众；第二，楚国君民以殷商为戒，常存忧患之心，无论是日常生产生活还是军队建设都不忘小心谨慎；第三，楚国理直气壮，合乎道德。可见，攘外必先安内、有备无患、敬天明德等思想对促进一国强盛具有重大意义。

25. 名以出信，信以守器，器以藏礼，礼以行义，义以生利，利以平民，政之大节也。——《左传·成公二年》

【原文】

既①，卫人赏之以邑，辞。请曲县②、繁缨③以朝，许之。

仲尼闻之曰："惜也，不如多与之邑。唯器④与名⑤，不可以假人，君之所司也。名以出信，信以守器，器以藏⑥礼，礼以行义，义以生利，利以平⑦民，政之大节也。若以假人，与人政也。政亡，则国家从之，弗可止也已。"

【注释】

① 既：事过之后。

② 曲县：周礼，诸侯之乐，室内三面悬乐器，形曲，谓之"曲县"。县，悬的古字。

③ 繁（pán）缨：马鬃毛前的装饰，是诸侯所用的马饰。

④ 器：指车马服饰乐器等物件。

⑤ 名，爵位名号。名和器都是人君用以明等级、指挥、统治臣民的工具。

⑥ 藏：体现。
⑦ 平：治理。

【译文】

不久，卫国人把城邑赏给仲叔于奚。仲叔于奚辞谢，而请求得到诸侯用的三面悬乐器、并用繁缨饰马朝见，卫穆公同意了。

孔子听说了这件事，说："可惜啊，还不如多给他几个城邑。唯独器物和名号不能假借给别人，这是国君所掌管的。名号用来赋予威信，威信用来保持器物，器物用来体现礼制，礼制用来推行道义，道义用来产生利益，利益用来治理百姓，这是政事的大纲。如果把名位、礼器假借给别人，就是授予人政权。政权丢失，国家也会跟着灭亡，这是无法阻止的。"

【评析】

成公二年（公元前589年），齐国攻打鲁国与卫国。鲁、卫两国求援于晋，晋便领兵救援，引发了鞌之战，结果齐国大败。卫国国君将不该赏赐的乐器和物件给予了仲叔于奚，孔子对此事进行了批评。儒家致力于维护国家内部的等级秩序，认为不同的阶级享有的器物、名分是不一样的，随意给予便是坏了礼制、坏了秩序。秩序一乱，国君的权威不复存在，国家自然会陷入混乱。

26. 亲仁善邻，国之宝也。君其许郑。——《左传·隐公六年》。

【原文】

五月庚申，郑伯①侵陈，大获②。往岁③，郑伯请成④于陈，陈侯⑤不许。五父谏曰："亲仁善邻，国之宝也。君其许郑。"陈侯曰："宋、卫实难，郑何能为？"遂不许。

【注释】

①郑伯：春秋初期郑国国君，在位43年，有韬略，首先揭开春秋争霸战争的历史序幕，史称"郑庄公"。

②获：俘获，缴获。

③往岁：以前的时候。

④成：和解。

⑤陈侯：陈桓公。

【译文】

鲁隐公六年（公元前716年）五月庚申日，郑庄公率军进攻陈国，获得重大胜利。往年，郑庄公曾经向陈国请求和解，而陈桓公不答应。陈公子佗向陈侯进谏说："亲近仁者，善待四邻，这是国家最可宝贵的东西。您就答应郑国吧。"陈侯说："宋国、卫国都做不到，郑国又能怎么样呢？"于是没有答应郑国的请求。

【评析】

"亲仁善邻"不仅是对于个人品性的要求，上升到国家层面更是非常重要的国家安全主张。任何国家在外交和自处上都应该"亲仁善邻"，为国家安全和发展赢得一个良好的周边环境。

27. 招携以礼，怀远以德。德礼不易，无人不怀。——《左传·僖公七年》。

【原文】

管仲言于齐侯①曰："臣闻之，招携②以礼，怀远以德。德礼不易③，无人不怀。"

【注释】

①齐侯：齐桓公。

② 招携：招引，安抚。
③ 易：更改，改变。

【译文】

管仲对齐桓公说："我听说，要用礼义招抚尚未归顺的诸侯，要用仁德使远方归附。不仁德、礼义违背，没有人不会归附。"

【评析】

管仲辅佐齐桓公称霸诸侯，使齐桓公成为春秋五霸之首。从他对桓公的建言献策中可以看出，德和礼才是处理国际关系的正确准则。春秋时期，诸侯争霸，礼崩乐坏。即便在乱世，也只有坚持仁义和道德才能真正使国家富强，使各国和平相处。

28. 夫武，禁暴、戢兵、保大、定功、安民、和众、丰财者也。故使子孙无忘其章。——《左传·宣公十二年》

【原文】

丙辰，楚重①至于邲，遂次②于衡雍③。潘党④曰："君盍⑤筑武军⑥，而收晋尸以为京观⑦。臣闻克敌必示子孙，以无忘武功。"

楚子曰："非尔所知也。夫文，止戈为武⑧……夫武，禁暴、戢⑨兵、保大、定功、安民、和众、丰财者也。故使子孙无忘其章。今我使二国暴骨，暴矣；观兵⑩以威诸侯，兵不戢矣。暴而不戢，安能保大？"

【注释】

① 重：辎重，军队的装备、器械、粮食等的统称。
② 次：停留，驻扎。
③ 衡雍：地名，在今河南原阳西北。
④ 潘党：也叫叔党，潘尪之子，楚臣。
⑤ 盍（hé）：何不。

⑥ 武军：显示武功的营垒。

⑦ 京观：也简称"京"，埋葬敌人尸体后堆成的大土堆，用来炫耀胜利和武功。

⑧ 夫文，止戈为武：甲骨文的"武"字，从"止"从"戈"，楚庄王因此认为止息干戈才是真正的武功。虽然这种解释未必合乎造字的本意，但这种说法反映了楚庄王对战争本质的一种认识。

⑨ 戢（jí）：止息，禁止。

⑩ 观兵：检阅军队以显示军威。

【译文】

丙辰日，楚军的辎重到达邲地，于是军队驻扎衡雍。潘党说："您何不修筑显示武功的军垒，收集晋国战死者的尸体筑成京观呢？我听说，战胜了敌人，一定要昭示子孙，使他们不要忘记前人的武功。"

楚庄王说："这不是你所懂得的。从字形上说，'止'和'戈'合起来是个'武'字。……武功是用来禁止暴虐、消弭战争、保持强大、巩固功业、安抚人民、调和众国、丰富财物的，所以，要使子孙莫忘了前人的赫赫武功。如今我使得两国将士暴尸荒野，这就是暴虐了。炫耀军威来胁迫诸侯，战争就难以止息了。暴虐而不能止战，怎么能保持强大？"

【评析】

楚庄王在战争取得胜利之后，坚决反对臣子提出的炫耀武功的建议，并提出"止戈为武"的观点。这种慎重对待战争的态度是中国古代国家安全战略思想的基础，有助于社会秩序的安宁稳定。

29. 若归于德，吾犹将事之，况诸侯乎？——《左传·昭公四年》

【原文】

四年①春……楚子②……使椒举③如④晋求诸侯……晋侯⑤欲勿许。

司马侯曰："不可。楚王方侈⑥，天或者欲逞⑦其心，以厚其毒⑧而降之罚，未可知也；其使能终⑨，亦未可知也。晋、楚唯天所相，不可与争。君其许之，而修德以待其归⑩。若归于德，吾犹将事之，况诸侯乎？若適⑪淫虐，楚将弃之，吾又谁与争？"

【注释】

① 四年：鲁昭公四年，公元前538年。

② 楚子：指楚灵王，名熊虔，公元前540—前529年在位。

③ 椒举：即伍举，楚国大夫。

④ 如：到……去。

⑤ 晋侯：指晋平公，名姬彪，公元前557—前532年在位。

⑥ 侈（chǐ）：放纵，放肆。

⑦ 逞：快意，称心。

⑧ 毒：祸患，危害。

⑨ 终：结果。这里指善终，好结果。

⑩ 归：归宿，归向。

⑪ 適：同"适"，走到。

【译文】

鲁昭公四年的春天……楚灵王……派大夫椒举到晋国，希望晋国同意让更多的诸侯服从楚国。……晋平公打算拒绝这个要求。

司马侯说："这不行。楚王的欲望正在膨胀，上天或许要使他称心，以加重他的过错，而后降给他惩罚，这是说不定的；或者上天要使他结局圆满，这也是说不定的。晋、楚两国只有依靠上天的庇佑，而不可彼此争夺。您还是允许楚王，先修明自己的德行，而等待他的发展吧。如果他趋向德义，我们晋国自己还要服事于他，又何况其他诸侯国？如果他走向荒乱暴虐，楚国自己就会抛弃他，我们又跟谁去争锋呢？"

【评析】

维护国家安全，应当先立足于本国的发展，再考虑外部其他国家的因素与影响。治国的重心要放在修行德政、发展本国上，而不是期冀其他国家出现祸乱。要在政治上占据主动地位，避免处于被动境地。

30. 为川者决之使导，为民者宣之使言。——《国语·周语》

【原文】

防民之口，甚于防川。川壅①而溃，伤人必多，民亦如之。是故为川者决②之使导，为民者③宣之使言。

【注释】

① 壅：堵塞。

② 决：排除。

③ 为民者：治民的人。

【译文】

堵人民的口，后果比堵塞大河还要严重。大河因堵塞而溃决，一定会淹死很多人，堵人民的口也是这样。所以，治水的人要排除壅塞，使之畅流，治民的人要宣导人民，让他们说话。

【评析】

要想提高国家的治理水平、维护国家的长治久安，最有效的方法便是听取民众的声音即民意，允许民众陈述政事的得失。而执政者应直面所存在的各种问题，及时处理和改进。存在矛盾和隐患并不可怕，可怕的是只知道消弭指责之声，忽略或无视问题的存在。川壅而溃，伤人必多。社会矛盾长期被掩盖，得不到根本解决，最终将会威胁到国家的稳定与安宁。

31. 修旧法，择其善者而业用之；遂滋民，与无财，而敬百姓，则国安矣。——《国语·齐语》

【原文】

桓公曰："吾欲从事于诸侯①，其可乎？"

管子对曰："未可，国未安。"

桓公曰："安国若何？"

管子对曰："修旧法，择其善者而业②用之；遂滋③民，与无财④，而敬百姓，则国安矣。"

桓公曰："诺。"遂修旧法，择其善者而业用之；遂滋民，与无财，而敬百姓。

【注释】

① 从事于诸侯：指采取行动称霸诸侯。

② 业：俞樾释为"绪"，叙。

③ 滋：滋育，培育。

④ 与无财：帮助穷人。

【译文】

齐桓公问："我想采取行动称霸诸侯，可以吗？"

管子回答说："不可以，国家尚未安定。"

齐桓公问："怎样才能安定国家？"

管子回答说："修订旧法令，选择其中好的法令而加以叙用；慈爱民众，帮助穷人，敬重百姓，那么国家就安定了。"

齐桓公说："好。"于是齐桓公修订旧法令，选择其中好的法令而加以叙用；慈爱民众，帮助穷人，敬重百姓。齐国由此得到安定。

【评析】

"为国之道，必须有法。法者，国之纲纪。"修订并完善法令，可使国家得到安定,使国家安全得到保障。管子认为,维护安定国家需要修订旧法令,选择其中好的法令而加以叙用。"民为邦本",指民为国家之本,民族之根,只有爱民利民,国家才能长治久安。管子认为,要滋育民众,帮助穷人,敬重百姓,才可以得民心、顺民意,国家才可以安定。

32. 固国者,在亲众而善邻,在因民而顺之。——《国语·晋语》

【原文】

夫固国①者,在亲众而善邻,在因民而顺之。苟众所利,邻国所立,大夫其从之,重耳不敢违。

【注释】

① 固国:安定国家。

【译文】

安定国家的关键,在于亲善民众和睦邻邦,在于顺应民心。如果是民众认为有利且邻国愿意拥立的人选,大夫都服从,重耳我不敢违抗。

【评析】

"得民心者得天下",国家兴亡取决于人心向背。维护国家安全,须得民心、顺民意。晋国重耳认为"夫固国者,在亲众而善邻,在因民而顺之。"安定国家的关键,在于亲善民众和睦邻邦,在于顺应民心。重耳此番推托,在备尝险阻艰难后,最终得以归国即位,为晋文公,实施爱民惠民政策,成为继齐桓公之后的第二位春秋霸主。

33. 君若欲速得志于天下诸侯，则事可以隐令，可以寄政。——《国语·齐语》

【原文】

国既安矣，桓公曰："国安矣，其可乎？"管子对曰："未可。君若正卒伍①，修甲兵②，则大国亦将正卒伍，修甲兵，则难以速得志矣。君有攻伐之器，小国诸侯有守御之备，则难以速得志矣。君若欲速得志于天下诸侯，则事可以隐令，可以寄政。"

【注释】

① 卒伍：部队。
② 甲兵：军事装备。

【译文】

国内安定后，齐桓公说："国内已经安定了，可以实行霸业了吗？"管仲回答说："还不可以。您如果整束部队，治理装备，那么其他大国也将整束部队，治理装备，这样难以使霸业迅速成功。您有进攻出击的装备，小国诸侯同样有防守抵御的装备，这样也难以使霸业迅速成功。您要想很快在天下诸侯中称霸，这些军事装备就应当隐藏起来，寄托于国政之中。"

【评析】

管仲在齐国进行的改革，覆盖了经济、内政、军事各个层面，使齐国经济得到了发展，军力也得到了大幅提升，具备了号令诸侯、称霸中原的实力基础，从中足可看出，实力是维护国家安全的根本。一个国家能否在各种安全威胁中生存发展，归根结底要靠实力说话，而要想提高国家的实力，必须加强政治上的治理，打牢经济上的雄厚基础，提升军事上的实战能力。即使这样，也仍然需要隐忍、韬晦。

34. 君人者刑其民，成，而后振武于外，是以内和而外威。——《国语·晋语》

【原文】

鄢之役，晋伐郑，荆救之①。大夫欲战，范文子不欲，曰："吾闻之，君人者刑其民②，成③，而后振武于外，是以内和而外威。今吾司寇之刀锯日弊④，而斧钺不行⑤。内犹有不刑，而况外乎？夫战，刑也⑥，刑之过也⑦。过由大⑧，而怨由细⑨，故以惠诛怨⑩，以忍去过⑪。细无怨而大不过，而后可以武，刑外之不服者。今吾刑外乎大人⑫，而忍于小民⑬，将谁行武⑭？武不行而胜，幸也。幸以为政，必有内忧。且唯圣人能无外患，又无内忧，讵非圣人，必偏而后可。偏而在外，犹可救也，疾自中起，是难⑮。盍姑释荆与郑以为外患乎？"

【注释】

① 荆：楚国。

② 君人者：君主。刑其民：俞樾说，应为"刑其内"，即用刑罚肃正国内。

③ 成：成功。

④ 司寇：掌管狱讼的官员。刀锯：用于平民的刑具。日弊：由于对平民用刑过多，所以刀锯日见其坏。弊，坏。

⑤ 斧钺：指大刑。钺，大斧。不行：不行于大臣。

⑥ 夫战，刑也：战争用兵如同用刑。

⑦ 刑之过也：俞樾说，"之"犹"其"。刑其过，刑杀有过错的人。

⑧ 过由大：过错来自大臣。

⑨ 怨由细：怨望来自小民。细，小。

⑩ 诛：除。

⑪ 忍：狠心。

⑫ 刑外乎大人：俞樾说，"外"当为"惠"。刑惠乎大人，施惠于大臣。

⑬ 忍于小民：狠心对待小民。
⑭ 行武：施行威武。
⑮ 是难：实难。

【译文】

晋楚鄢陵战役之前，晋国讨伐郑国，楚国前来救郑。晋国大夫们想与楚国开战，范文子不同意，他说："我听说，君主用刑罚肃正国内，成功以后，才对外用武，因此国内和谐而国外畏惧。如今晋国司寇刑杀小民的刀锯一天天用坏了，而斧钺大刑却不行于大臣。对国内尚且不能正确地运用刑杀，何况是对国外呢？用兵如同用刑，旨在刑杀有过错的人。过错来自大臣，怨望来自小民，用恩惠除去小民怨望，以狠心除去大臣过错。小民没有怨望，大臣没有过错。而后可以用兵动武，刑杀国外不服从的人。如今我们施惠于大臣，却狠心对待小民，这样谁能施行威武呢？威武不能施行而能获胜，这是出于侥幸。抱着侥幸的心理施政，一定会有内忧。况且只有圣人才能做到既无外患，又无内忧，如果不是圣人，一定要偏于刑或偏于惠才可以。用偏的方法对外，尚有可救，国内出了毛病，那就实在太难办了。何不放过楚国和郑国，让他们作为晋国的外患呢？"

【评析】

先解决好内忧，才能更好地处理好外部隐患。就如何解决内部忧患，范文子特别强调使用刑罚。在他看来，用刑的对象应当是有过错的大臣，而不是表达抱怨的小民。对待小民应当用恩惠消除他们的怨望。可彼时晋国的政策却与之相反，刑杀小民、恩惠大臣。范文子认为，这属于用刑不正，刑罚不正义。在他看来，若国家内部都没有得到有效的治理，就算对外征伐得到胜利，内外都会不服，也会生出祸患。

35. 持盈者与天，定倾者与人，节事者与地。——《国语·越语》

【原文】

越王勾践即位三年①而欲伐吴。范蠡进谏曰："夫国家之事，有持盈②，有定倾③，有节事④。"王曰："为三者，奈何？"对曰："持盈者与天⑤，定倾者与人，节事者与地。王不问，蠡不敢言。天道盈而不溢，盛而不骄，劳而不矜⑥其功。夫圣人随时以行，是谓守时。天时⑦不作⑧，弗为人客⑨；人事⑩不起，弗为之始。"

【注释】

① 三年：越王勾践即位于公元前497年，三年后为公元前495年。

② 持盈：保持、守护已成之业。盈，满，盛。

③ 定倾：安定倾危之势。倾，侧，斜，不安定。

④ 节事：节制各种事务，使之适度。事，指人事，如政令措施等。

⑤ 与天：效法天。与，效法，下文"与人""与地"的"与"义同。

⑥ 矜：夸耀。

⑦ 天时：指时令季节、阴晴寒暑和自然灾变一类现象。

⑧ 作：兴，起。

⑨ 客：进攻者。攻者为客，守者为主。

⑩ 人事：这里特指敌我双方内部的政治情况。

【译文】

越王勾践即位的第三年，意欲兴兵攻吴。范蠡进谏说："国家的大事，有的是要保持其已成的大业，不使亏损；有的是要安定其不稳的局面，不使倾覆；有的是要节制各种措施，不使失去分寸。"越王说："做这三样事，该怎么样？"范蠡回答说："要保持已成的事业，就效法天；要安定其不稳的局面，就效法人；要节制好各种政令，就效法地。您不下问，我不敢说起。天之道，充实而不横溢，鼎盛而不骄纵，不停地运转却不自夸其功。圣人顺应时机以行事，这叫作守时。在天时方面，如果节令寒暑等条件不具备，就不做进攻者；在人事方面，如果内政外交等条件不具备，就不带头挑起争端。"

【评析】

越王欲兴兵攻吴，范蠡使用"持盈""定倾""节事"的治国思想予以劝谏。在他看来国家发动军事战争应当把握天时、顺应人事、积蓄力量，待时机成熟之时一举夺取战争的胜利。这一思想在后来越国灭吴时很好地得到体现与实践。

36. 苛政猛于虎也。——《礼记·檀弓下》

【原文】

孔子过泰山侧，有妇人哭于墓者而哀。

夫子式而听之，使子路问之，曰："子之哭也，壹似重①有忧者。"

而曰："然。昔者吾舅②死于虎，吾夫又死焉，今吾子又死焉！"

夫子曰："何为不去也？"

曰："无苛政③。"

夫子曰："小子识④之，苛政猛于虎也！"

【注释】

① 重（zhòng）：深重。
② 舅：丈夫的父亲。
③ 苛政：指繁重、凶暴的赋税和徭役。
④ 识（zhì）：记。

【译文】

孔子经过泰山旁，有个妇人哭得很哀伤。

孔子伏在车轼倾听，派子路前去询问，说："听你的哭声，像是有很深重的忧伤。"

妇人答道："是啊。从前我的公公被老虎咬死，后来我的丈夫又被老虎咬死，现在我的儿子也被老虎咬死了！"

孔子问："为什么不离开这里呢？"

妇人答道："这里没有繁重、凶暴的赋税和徭役。"

孔子对弟子说："你们都记住啦！繁重的徭役和赋税比老虎还要凶猛啊！"

【评析】

孔子路遇了一个妇人，她的亲人们接连被虎咬死。但即使遭如此灾难，妇人一家却不愿搬离。原因只有一个，即当地无苛政。繁重的赋税和凶暴的徭役对百姓的危害极大，即所谓"苛政猛于虎"。只有"轻徭薄赋"，才能够安抚和赢取民心，减少动荡，稳定秩序。

37. 上下交征利而国危矣。——《孟子·梁惠王章句上》

【原文】

孟子见梁惠王①。

王曰："叟②！不远千里而来，亦将有以利吾国乎？"

孟子对曰："王！何必曰利？亦③有仁义而已矣。王曰，'何以利吾国？'大夫曰，'何以利吾家？'士庶人曰，'何以利吾身？'上下交征④利而国危矣。"

【注释】

① 梁惠王：就是魏惠王，名䓨，惠是他的谥号。
② 叟：老丈。
③ 亦：祗也。参考《词诠》卷七。
④ 征：赵岐《注》云："征，取也。"

【译文】

孟子谒见梁惠王。

惠王说:"老先生!您不远千里长途辛劳前来,那对我的国家会有很大利益吧?"

孟子答道:"王!您为什么一开口定要说到利益?只要讲仁义便好了。王假若说,'怎样才对我的国家有利呢?'大夫也说,'怎样才对我的封地有利呢?'那一般士子以至老百姓也都说,'怎样才对我本人有利呢?'这样,上上下下互相追逐私利,国家便会发生危险了。"

【评析】

作为一个国家的执政者,要懂得仁义的重要性。对百姓仁义,才能获得百姓的拥护,社会才能稳定,国家才能向前发展。君主如果一味追求自己的利益,上行下效,百姓也会互相追逐私利,没有人为整个国家考虑,那么国家就会陷入危局。

38. 贵德而尊士,贤者在位,能者在职,国家闲暇,及是时,明其政刑。——《孟子·公孙丑章句上》

【原文】

孟子曰:"仁则荣,不仁则辱。今恶辱而居不仁,是犹恶湿而居下也。如恶之,莫如贵德而尊士,贤者在位,能者在职,国家闲暇,及是时,明其政刑①。虽大国,必畏之矣。"

【注释】

① 刑:法也。

【译文】

孟子说:"(诸侯卿相)如果实行仁政,就会有荣耀;如果行不仁之政,就会遭受屈辱。如今这些人,非常厌恶屈辱,但仍然自处于不仁之地,这正好比一方面厌恶潮湿,另一方面又居住在低洼之地一样。假若真正厌恶耻辱,最好以德为贵而尊敬士人,使有德行的人居于相当的官位,有才能的人担任一定的职务,国家无内忧外患,趁这个时候修明政治法典,纵使强大的邻国也一定会畏惧它了。"

【评析】

拥有一颗仁德之心固然重要,但更重要的是真正去施行仁政。尊重有德之人,重用品行高尚之人,使有才能的人发挥最大作用,推动国内经济、政治发展,保证国家内无忧,外无患。制定修改法律政策,为民众各种行为提供依据,减少犯罪发生,国家就会一步步强大。

39. 民事不可缓也。——《孟子·滕文公章句上》

【原文】

滕文公问为国。

孟子曰:"民事不可缓也。《诗》云:'昼尔于茅①,宵尔索绹②;亟其乘屋③,其始播百谷。'民之为道也,有恒产者有恒心,无恒产者无恒心。苟无恒心,放辟邪侈,无不为已。及陷乎罪,然后从而刑之,是罔民也。焉有仁人在位罔民而可为也?是故贤君必恭俭礼下,取于民有制。"

【注释】

① 于茅:于,往也。茅,作动词用,收割茅草。

② 索绹:索,动词,以两三股摩而交之,总为一绳,此种动作谓之索,亦谓之绞。绹,名词,绳索。

③ 亟其乘屋:诗郑笺云:"亟,急;乘,治也。"

【译文】

滕文公问孟子治理国家的事情。

一、儒　家

孟子说："关心人民是最为急迫的任务。《诗经》上说：'白天割取茅草，晚上绞成绳索，赶紧修缮房屋，到时播种五谷。'人民有他们的基本规律：有一定的财产收入的人，才有一定的道德观念和行为准则，没有一定的财产收入的人，便不会有一定的道德观念和行为准则。假若没有一定的道德观念和行为准则，就会胡作非为、违法乱纪，什么事都干得出来。等到他们犯了罪再去加以处罚，这等于陷害百姓。哪有仁爱的人坐朝却做出陷害老百姓的事情的呢？所以贤明之君一定认真办事、节省用度、有礼貌地对待臣下，尤其是征收赋税要有一定的制度。"

【评析】

"民之为道，有恒产者有恒心，无恒产者无恒心"。要想减少犯罪、维持社会稳定，从根本上讲要重视"制民之产"。如果连基本的温饱问题都解决不了，就不要期待百姓能够被教化得很好，即所谓"不富无以养民情，不教无以理民性"。兴办学校来普及教育，使百姓懂得礼义廉耻。人和人之间真诚相待，紧密地团结在一起。只有这样，才能减少犯罪行为的发生，社会才能稳定，国家才会发展。

40. 不信仁贤，则国空虚；无礼义，则上下乱；无政事，则财用不足。——《孟子·尽心章句下》

【原文】

孟子曰："不信仁贤，则国空虚①；无礼义，则上下乱；无政事，则财用不足。"

【注释】

① 空虚：不充实。

【译文】

孟子说："不信任仁德贤能的人，那国家就会空虚；没有礼义，上下的关系就会混乱；没有好的政治，国家的用度就会不够。"

【评析】

人才对于一个国家来说十分重要。有才能的人来治理国家，国家就会发展迅速，国库充足，国富民强。礼义则是用来规定上下尊卑秩序的，使不同阶级的行为都能有所约束，不至于上下一片混乱，毫无纲纪可言。政治清明，国家才会向着好的方向发展；君主、群臣和百姓上下齐心，国家就会壮大。

41. 以天下之所顺，攻亲戚之所畔；故君子有不战，战必胜矣！ 《孟子·公孙丑章句下》

【原文】

孟子曰："天时①不如地利②，地利不如人和③。三里之城，七里之郭④，环⑤而攻之而不胜。夫环而攻之，必有得天时者矣；然而不胜者，是天时不如地利也。

城非不高也，池⑥非不深也，兵革⑦非不坚利也，米粟非不多也；委⑧而去之，是地利不如人和也。

故曰：域⑨民不以封疆之界，固国不以山溪之险，威⑩天下不以兵革之利。得道⑪者多助，失道者寡助。寡助之至，亲戚畔⑫之；多助之至，天下顺之。以天下之所顺，攻亲戚之所畔；故君子有不战，战必胜矣！"

【注释】

① 天时：时令与阴晴寒暑等气象条件。

② 地利：有利的地理条件。

③ 人和：指人心归依，内部团结。

④ 郭：外城。

⑤ 环：围绕。

⑥ 池：护城河。

⑦ 兵革：武器装备。兵，兵器；革，盔甲。
⑧ 委：放弃。
⑨ 域：界限。引申为限制。
⑩ 威：威慑。
⑪ 道：正确的治国方法。孟子指的就是"仁政"。
⑫ 畔：同"叛"。

【译文】

孟子说："天时不如地利，地利不如人和。周长三里的内城，周长七里的外城，敌人四面围攻而不能取胜。能够四面围攻，一定会有赶上适宜天时的时候，然而不能取胜，这说明，天时不如地利。

"（又如，）城墙不是不高，护城河不是不深，兵器盔甲不是不锐利坚固，粮食不是不多；（然而敌人一攻，）守城者就弃城逃跑，这说明，地利不如人和。

"所以说：限制人民不必靠国土的疆界，巩固国防不必靠山河的险阻，威慑天下不必靠兵器盔甲的锐利坚固。以正道治国的，帮助他的人就多；不以正道治国的，帮助他的人就少。帮助的人少到极点时，连亲属都反叛他，帮助的人多到极点时，全天下的人都归顺他。让全天下都归顺他的人，去攻打连亲属都反叛他的人；所以得道的人要么不打仗，如果打仗，必然会胜利。"

【评析】

天时、地利、人和是影响战争胜负的有利因素，其中又以人和最为关键。简单来说，就是把"人和"看作国防巩固和国家安全之本。民众的支持对战争胜利来说至关重要，要把民众放在国家治理的优先地位。

42. 案平政教，审节奏，砥砺百姓，为是之日，而兵剸天下劲矣；案然修仁义，伉隆高，正法则，选贤良，养百姓，为是之日，而名声剸天下之美矣。——《荀子·王制》

【原文】

殷之日，案①以中立无有所偏而为纵横之事，偃然案②兵无动，以观夫暴国之相卒③也。案平政教，审节奏④，砥砺百姓，为是之日，而兵剸⑤天下劲矣；案然修仁义，伉⑥隆高，正法则，选贤良，养百姓，为是之日，而名声剸天下之美矣。权者重之，兵者劲之，名声者美之。夫尧、舜者，一天下也，不能加毫末于是矣。

【注释】

① 案：语助词，无实义。
② 案：通"按"。
③ 卒（zuó）：通"捽"，冲突，对打。
④ 节奏：指礼义制度。
⑤ 剸（zhuān）：通"专"。专擅，独占。
⑥ 伉（kàng）：达到极点。

【译文】

在富强的时候，要保持中立，不要有所偏袒而参与合纵连横，要偃旗息鼓、按兵不动，来静观那些残暴的国家互相争斗。要搞好政治教化，审察礼义制度，训练百姓，做到这一点的时候，那么他的军队就是天下最为强劲的了；奉行仁义之道，追求崇高的政治环境，调整法令，选拔贤良，使百姓休养生息，做到这一点的时候，那么他的名声就是天下最美好的了。政权使其巩固，军队使其强劲，名声使其美好。就是尧、舜那样统一了天下的人，也不能在这三个方面再增加一丝一毫了。

【评析】

荀子阐述了国家强盛时期应遵循的原则。对外,要保持中立,"案以中立无有所偏而为纵横之事",不要参与合纵连横,偃旗息鼓、按兵不动,来静观那些残暴的国家互相争斗。对内,要使政权巩固,使军队强劲,使民心归附。首先,要搞好政治教化,审察礼义制度,调整法令,选拔贤良;其次,训练百姓,培养强劲军队;最后,奉行仁义之道,使百姓休养生息,使民富足,安居乐业,这样就可以得到民心,得到美好的名声。荀子的这一观点对当今社会仍有借鉴意义,国家在强盛的时候,对外要不好战,对内要谋发展,爱民富民。

43. 人之命在天,国之命在礼。——《荀子·强国》

【原文】

刑范正①,金锡美,工冶巧,火齐得,剖刑而莫邪已。然而不剥脱,不砥厉,则不可以断绳。剥脱之,砥厉之,则劙盘盂、刎牛马②,忽然耳。彼国者,亦强国之剖刑已。然而不教诲,不调一,则入不可以守,出不可以战。教诲之,调一之,则兵劲城固,敌国不敢婴也③。彼国者亦有砥厉,礼义节奏是也。故人之命在天,国之命在礼。人君者,隆礼尊贤而王,重法爱民而霸,好利多诈而危,权谋倾覆幽险而亡。

【注释】

① 刑范:浇铸器物的模子。刑,通"型"。
② 劙(lí):割。盘盂:试剑的铜器。刎(wěn):割断。
③ 婴:触犯,侵犯。

【译文】

模子端正,铜锡质量好,冶炼技术高,火候得当,打开模子而莫邪宝剑就铸成了。然而不除去它粗糙的表面,不磨光,就不能割断绳子;除去粗糙的表面,磨光它,削割盘盂、宰杀牛马就可一挥而就。那国家，如同刚打开模子的宝剑一样，也是强国的雏形。然而不实行教诲，不协调统一，那对内就不能防守，对外就不能战斗；实行教诲，协调统一，就会兵力强大、城防坚固，敌国就不敢来侵犯了。国家也需要磨砺，这就是礼仪法度。所以人的命运取决于上天，国家的命运取决于礼义。崇尚礼义、尊重贤能的君主就称王，重视法度、爱护人民的君主就称霸，喜欢利益、常搞欺诈的君主就危险，玩弄权术阴谋、倾轧陷害、阴暗险恶的君主就灭亡。

【评析】

国家就如同刚出模的宝剑一样，需要经过打磨才能强大。强国之道在于实行教化，在于坚守礼仪与法度。荀子提出了"隆礼重法"的思想，不仅强调"礼"为治国之核心力量，也强调"法"的重要性，试图将法提到了与礼同等的高度。在他看来，要实现国家的富强安定，要充分利用好礼、法二柄。一方面要注重道德建设，发挥礼义的沁润作用；另一方面也要注重法治建设，充分发挥法律的强制及威慑作用。

44. 天下从之者治，不从者乱；从之者安，不从者危；从之者存，不从者亡。——《荀子·礼论》

【原文】

凡礼，始乎梲①，成乎文，终乎悦校②。故至备，情文俱尽；其次，情文代胜；其下，复情以归大一也。天地以合③，日月以明，四时以序，星辰以行，江河以流，万物以昌，好恶以节，喜怒以当，以为下则顺，以为上则明，万变不乱，贰④之则丧也。礼岂不至矣哉！立隆⑤以为极，而天下莫之能损益也。本⑥末⑦相顺，终⑧始⑨相应，至文以有别，至察以有说⑩。天下从之者治，不从者乱；从之者安，不从者危；从之者存，不从者亡。

一、儒　家

【注释】

① 梲：通"脱"，简略。

② 校：通"恔"(xiào)，快意，称心。

③ 合：和谐，调和。

④ 貳：违背。

⑤ 立隆：指建立完备的礼制。隆，中正，最高的准则。

⑥ 本：礼的根本原则。

⑦ 末：礼的各种具体规定。

⑧ 终：即前面所言终于悦校。

⑨ 始：即前面所言始于疏略。

⑩ 说：道理的说明。

【译文】

礼，开始时都很简陋，逐渐完备，最后达到乐的境界。所以礼达到最完备的时候，人情能得到充分的表现，礼仪也能非常完善；次一等的，是情胜过文，或者文胜过情；最下等的，是只重视质朴的情感，回归到太古之时的情况。天地因为有礼而更加调和，日月因为有礼而更加明亮，四时因为有礼而更加有序，星辰因为有礼而正常运行，江河因为有礼而奔流不息，万物因为有礼而繁荣昌盛，人之好恶因为有礼而得到节制，喜怒因为有礼而恰当得宜，用礼来约束百姓，百姓就顺从，用礼来规范君主，君主就会贤明，以礼为标准，则世间万物虽然变化多端也不会混乱，违背礼就会失去这些。礼，难道不是最高的境界吗！建立完备的礼制作为最高准则，那么天下就没有谁再能增减改变它。这种礼制的根本原则和具体规定之间互不抵触，礼的终结和开始互相呼应，礼义制度十分完备，但也有明确的贵贱等级差别，礼义制度极其细密而又合情合理。这样，天下的人顺从它，国家就治理得好，就能安定，不顺从它，国家就会陷入混乱；顺从礼的人，就能平平安安，不顺从礼的人就会有生命危险；遵循礼的国家就能安定，得以保全，不顺从礼的国家就会危险，将会灭亡。

【评析】

荀子的礼学以"性恶论"为基础,他认为"生而有欲,欲而不得"就可能产生争夺和混乱。制定礼的目的即在调节人的欲望,从而避免纷争,保持社会安定。人之好恶因为有礼而得到节制,喜怒因为有礼而恰当得宜。用礼来约束百姓,百姓就顺从;用礼来规范君主,君主就会贤明。遵循礼则国家可治,天下安定;不遵循礼则社会混乱,国家危矣。荀子所提倡的礼是约束人们行为的一种社会规范,在当今社会,要维护国家安全,促进社会发展,人们仍需要遵循一定的社会规范,这一点是任何时候都不会发生变化的。

45. 上好功则国贫,上好利则国贫。——《荀子·富国》

【原文】

观国之强弱贫富有征:上不隆礼则兵弱,上不爱民则兵弱,已诺不信则兵弱,庆赏不渐则兵弱,将率不能则兵弱。上好功则国贫,上好利则国贫,士大夫众则国贫,工商众则国贫,无制数度量则国贫。下贫则上贫,下富则上富。故田野县鄙者,财之本也;垣窌仓廪者①,财之末也。百姓时和,事业得叙者,货之源也;等赋府库者,货之流也。故明主必谨养其和,节其流,开其源,而时斟酌焉。潢然使天下必有余,而上不忧不足。如是,则上下俱富,交无所藏之。是知国计之极也。

【注释】

① 垣(yuán):矮墙。指货仓。窌(jiào):地窖。

【译文】

观察一个国家的强弱贫富有一定的征兆:君主不崇尚礼义兵力就弱,君主不爱护百姓兵力就弱,对已许的诺言不讲信用兵力就弱,奖赏不丰厚兵力就弱,将帅没有能力兵力就弱。君主好大喜功国家就贫穷,君主喜欢利益国家就贫穷,士大夫众多国家就贫穷,商人众多国家就贫

一、儒 家

穷，没有一定的规章制度国家就贫穷。百姓贫穷君主就贫穷，百姓富裕君主就富裕。所以田野和乡村，是财富的根本；货仓和粮库，是财富的末节。百姓按时劳作，生产有秩序，这是货财的源泉；按等级缴纳的赋税和贮存货物的国库，这是货财的支流。所以贤明的君主一定小心地维持和谐的局面，节制支流，开发源泉，而又不时地加以考虑，使百姓的财富源源不断，富足有余，而君主也不用担心财物不足了。如果这样，那么君主和百姓都会富足，双方财物多得都没有地方贮藏了，这是最懂得治国大计的。

【评析】

要想国家变得强大，执政者必须做到尚礼、爱民、诚信、隆赏、知人善任。要想国家变得富足，执政者就不能好功，而应当以农为本、开源节流、节用裕民。发展农业生产，在任何时候、对任何一个国家来说都是极为重要的。只有这样，人民才会变富裕，国家才能稳定、富强。

二、墨　家

1. 入国而不存其士,则亡国矣。见贤而不急,则缓其君矣。非贤无急,非士无与虑国。缓贤忘士,而能以其国存者,未曾有也。——《墨子·亲士》

【原文】

入国而不存其士,则亡国矣。见贤而不急,则缓其君矣。非贤无急,非士无与虑国。缓贤忘士,而能以其国存者①,未曾有也。

【注释】

① 存:恤问,即关心的意思。

【译文】

治理国家却不关心那里的贤士,就会有亡国的危险。见到贤人却不马上任用,他们就会怠慢君主。没有比任用贤士更急迫的事了,如果没有贤士也就没有人谋划国家大事。怠慢贤士、轻视人才,而能使国家长治久安,是从来没有过的。

【评析】

墨子认为,贤士对于国家治理而言具有重要的作用。如果"任人非贤""怠慢贤才",对于国家治理来说是极其危险的。

二、墨　家

2. 不能为君者，伤形费神，愁心劳意，然国逾危，身逾辱。——《墨子·所染》

【原文】

凡君之所以安者，何也？以其行理也。行理性于染当①。故善为君者，劳于论②人，而佚于治官。不能为君者，伤形费神，愁心劳意，然国逾危，身逾辱。此六君者③，非不重其国、爱其身也，以不知要故也。不知要者，所染不当也。

【注释】

① 性：当作"生"。
② 论：择。
③ 六君：历史上因受小人蛊惑贪婪暴虐侵扰人民的君主。范吉射、中行寅、吴夫差、智伯摇、中山尚、宋康。

【译文】

大凡国君是怎样来保持安定的呢？是因为他做事合乎道理，做事合乎道理就要得到恰当的感染。所以善于做国君的人，辛劳地选拔人才，而轻松地治理政务；不善于做君王的人，即使劳身费神，心中担忧辛苦劳作，然而国家的危难反而更多，自身所受的耻辱也更多。这六位国君，不是不重视自己的国家，也不是不爱惜自己的身体，只是不知道治理国家的要领罢了。而不知道要领，正是因为他们所受到的感染不恰当。

【评析】

治国要"亲贤臣，远小人"，要严格选拔德才兼备的官吏来参与国家管理。执政者和官吏应当以身作则、率先垂范，充分发挥表率作用，以自身的言行影响和教化百姓，从而实现国家的有效治理。若不重视选拔贤良，国家容易陷入混乱。

3. 故备者国之重也，食者国之宝也，兵者国之爪也，城者所以自守也，此三者国之具也。——《墨子·七患》

【原文】

夫桀无待汤之备①，故放②。纣无待武王之备，故杀。桀、纣贵为天子，富有天下，然而皆灭亡于百里之君者③，何也？有富贵而不为备也。故备者国之重也④，食者国之宝也，兵者国之爪也⑤，城者所以自守也，此三者国之具也。

【注释】

① 待：御敌。
② 放：驱逐，流放。
③ 百里之君：指小国的国君。
④ 重：重要的事情。
⑤ 爪：爪牙。

【译文】

夏桀没有抵御商汤的准备，所以被流放；商纣没有防御武王的准备，所以被杀戮。桀、纣贵为天子，富有天下，然而都被只有方圆百里的小国的国君所灭，这是为什么呢？就是因为他们虽然富有而尊贵却不知道防备。所以做好准备是国家最重要的事情，粮食是国家的财宝，兵器是国家的爪牙，城池是国家用以自守的东西，这三样东西都是一个国家所必须具备的。

【评析】

一个国家要维护好自身的国家安全，不仅要有充足的粮食、锐利的兵器及坚固的城池，还要居安思危、思则有备。纵使面对实力远低于自己的敌国与外部威胁，也不可虚骄轻敌，而应认真备战，以防患于未然。

4. 故国贫而民难治也。君实欲天下之治而恶其乱也，当为宫室不可不节。——《墨子·辞过》

【原文】

子墨子曰：古之民未知为宫室时，就陵阜而居①，穴而处。下润湿伤民②，故圣王作为宫室③。为宫室之法，曰："室高足以辟润湿④，边足以圉风寒⑤，上足以待雪霜雨露⑥，宫墙之高足以别男女之礼。"谨此则止⑦。凡费财劳力，不加利者，不为也。修其城郭，则民劳而不伤；以其常正，收其租税，则民费而不病。民所苦者，非此也，苦于厚作敛于百姓。是故圣王作为宫室，便于生，不以为观乐也⑧。作为衣服带履，便于身，不以为辟怪也⑨。故节于身，诲于民，是以天下之民可得而治，财用可得而足。当今之主，其为宫室则与此异矣。必厚作敛于百姓，暴夺民衣食之财，以为宫室台榭曲直之望、青黄刻镂之饰⑩。为宫室若此，故左右皆法象之⑪。是以其财不足以待凶饥⑫，振孤寡⑬，故国贫而民难治也。君实欲天下之治而恶其乱也，当为宫室不可不节。

【注释】

① 就：依傍。陵阜：山丘。

② 下润：湿地下潮湿。

③ 作：兴起。为：建造。

④ 辟（bì）：避免。

⑤ 边：四周。圉（yǔ）：抵御。

⑥ 待：承受。

⑦ 谨："仅"的假借字。

⑧ 观乐：观赏享乐。

⑨ 辟怪：特殊的癖好。

⑩ 望：景观。青黄：指彩色。

⑪ 法象：效法模仿。

⑫ 凶饥：凶年饥岁，谷物无收的年份。

⑬ 振：救济。

【译文】

墨子说：古代的百姓还不会建筑房屋的时候，依傍着山冈居住，住在洞穴里。地下的湿气会损害人的身体，所以英明的圣王开始建筑宫室。建造宫室的原则是："地基的高度足以避免潮湿，四面的墙壁足以抵挡风寒，上面的屋顶足以抵挡雪霜雨露，墙壁的高度足以符合男女有别的礼节。"仅仅如此就可以了。凡是劳民伤财，又没有更多好处的事是不做的。按照常规的劳役去修筑城郭，那么百姓虽然劳累，但不会伤害到根本；按照常规征收租税，那么百姓虽然有所耗费，却也不会因此而困苦。百姓所感到困苦的不是这些，而是苦于过度的横征暴敛。因此圣王建造房屋，只是为了便于居住，不是为了观赏和享乐；制作衣服、腰带、鞋子，是为了有利于保养身体，而不是用来满足特殊的癖好。所以圣明的君主自己很节俭，并且也这样教导民众，所以天下的百姓就可以得到治理，财物用度也可以得到满足。现在的君主，他们建造宫室和上述的做法是不一样的，必定要向百姓横征暴敛，强夺民众的衣食财用来修建宫室、亭台楼阁的曲折回转的景观，以及各种色彩和雕刻的装饰。君王像这样修建宫室，所以近臣都效法他。所以，国家的钱财就不够用来应付饥荒，救济孤儿寡妇，因此，国家就贫困，而百姓就难以治理了。如果国君真想天下得到治理而憎恶天下混乱，那么建造宫室就不能不节俭。

【评析】

针对执政者为了满足自己的欲望横征暴敛、劳民伤财的做法，墨子告诫他们应当限制自己的欲望，力行节俭。节俭是王朝兴盛的重要条件之一。奉行节俭的王朝往往长治久安。奢靡享乐的朝代往往转瞬即逝。若执政者追求奢华，远近之臣会争相效仿，会加重百姓的负担，长期如此，必将引起百姓不满和反抗，从而使国家陷入混乱。

二、墨 家 ◆

5. 国有贤良之士众，则国家之治厚；贤良之士寡，则国家之治薄。——《墨子·尚贤上》

【原文】

子墨子言曰①：今者王公大人为政于国家者②，皆欲国家之富，人民之众，刑政之治。然而不得富而得贫，不得众而得寡，不得治而得乱，则是本失其所欲③，得其所恶。是其故何也？子墨子言曰：是在王公大人为政于国家者，不能以尚贤事能为政也④。是故国有贤良之士众⑤，则国家之治厚⑥，贤良之士寡，则国家之治薄⑦。故大人之务，将在于众贤而已⑧。

【注释】

① 子墨子：墨子的弟子、门生对自己老师墨翟的尊称。

② 今者：现在。王公大人：指天子及其最高级官员，也指诸侯国国君及其最高级官员。

③ 本：完全。

④ 事：任用。能：贤能的人。

⑤ 贤良之士：德才兼备的人。

⑥ 治厚：治理的功绩大。

⑦ 治薄：治理的功绩小。

⑧ 将：应当。

【译文】

墨子问道：现在天子大臣治理国家，都希望国家富庶，人口众多，刑法和政治井然有序。然而国家没有得到富庶却得到了贫困，人口没有增加反而减少，社会没有得到治理却得到了混乱，那么就完全是失去了他们所希望的，得到了他们所厌恶的。这是什么原因呢？墨子回答道：是因为天子大臣治理国家的时候，不善于崇尚贤者、任用能者的缘故。所以，国家中德才兼备的人众多，那么治理的基础就坚实；德才兼备的人稀少，治理的基础就薄弱。所以天子大臣最重要的事，应当是在于使贤良的人众多。

【评析】

人才是为政之本，强国之基。良好的选拔制度给予不同阶级的民众以实现阶级跃升并参与管理国家的通道。从社会不同阶层特别是社会底层选拔贤能，吸纳人才，有助于提高普通民众对政权的认同和巩固执政者的执政基础。

6. 故兴天下之利，除天下之害，令国家百姓之不治也，自古及今，未尝之有也。——《墨子·节葬下》

【原文】

今逮至昔者，三代圣王既没①，天下失义。后世之君子，或以厚葬久丧以为仁也义也，孝子之事也。或以厚葬久丧以为非仁义、非孝子之事也。曰：二子者②，言则相非，行即相反，皆曰："吾上祖述尧、舜、禹、汤、文、武之道者也。"而言即相非，行即相反。于此乎后世之君子皆疑惑乎二子者言也③。若苟疑惑乎之二子者言，然则姑尝传而为政乎国家万民而观之④。计厚葬久丧，奚当此三利者？我意若使法其言⑤，用其谋，厚葬久丧实可以富贫众寡、定危治乱乎？此仁也义也，孝子之事也，为人谋者不可不劝也⑥。仁者将兴之天下，谁贾而使民誉之⑦，终勿废也。意亦使法其言，用其谋，厚葬久丧实不可以富贫众寡、定危理乱乎？此非仁非义、非孝子之事也，为人谋者不可不沮也。仁者将求除之天下，相废而使人非之，终身勿为。且故兴天下之利，除天下之害，令国家百姓之不治也，自古及今，未尝之有也。

【注释】

① 没：通"殁"，死。
② 二子：指上述两种人。

③ 之：这。

④ 传：当作"博"，广，犹推（尹桐阳说）。

⑤ 意：通"抑"，句首语气助词。法：效法。

⑥ 劝：勉励。

⑦ 谁贾：当为"设置"之误（孙诒让说）。

【译文】

现在回顾以前三代圣明的君王去世以后，天下失去了道义。后世的君子，有的认为厚葬久丧就是仁、义，是孝子要做的事情；有的认为厚葬久丧不是仁、义，不是孝子要做的事情。说：这两种人，言论相反，行为相背，都说："我遵循的是尧舜禹汤文王武王的道术。"而言论却相反，行为却相背，于是他们以后的君子都怀疑这两种人的言论。如果为这两种人的言论而感到困惑，那么姑且尝试把他们的主张推广用来治理国家和人民来观察。考虑厚葬久丧在哪一方面能符合上面的三种利益呢？如果效法他们的言论，采纳他们的谋略，实行厚葬久丧，要是可以使贫穷的人变得富裕，使人口少的变得多，使危难安定，使混乱得到治理，这就是仁、就是义，是孝子要做的事情，为人谋划的人就不能不勉力地这么做。仁义的人将在天下广泛地推行它，设置相应的制度让人民称赞它，永远不废除。如果效法他们的言论，采纳他们的谋略，实行厚葬久丧要是不可以使贫穷的人变得富裕，不能使人口少的变得多，使危难安定，使混乱得到治理，这就不是仁、不是义，不是孝子要做的事情，为人谋划的人就不能不阻止这么做。仁义的人想要在天下除去它，提出厚葬久丧的弊端而让人们非难它，永远不去做。所以，增进天下的利益，除去天下的祸害，反而使国家中的百姓得不到治理的，从古代到现在是从未有过的。

【评析】

春秋战国时代，礼已崩，乐已坏。彼时的统治阶层生前生活奢靡，死后丧葬铺陈极大、浪费极多。墨子对当时统治阶层流行的"厚葬久

"丧"之风，提出了强有力的批判。墨子认为，厚葬不仅耗费了原本可以用于生产、生活的财产，久丧还会占据百姓的劳动生产时间。政策制度的好坏应当以是否有利于百姓的利益作为唯一的评价标准。只有始终坚持以百姓为中心，以百姓的利益为首要考量因素，才能实现百姓安居和国家稳定。

7. 天下有义则生，无义则死。有义则富，无义则贫。有义则治，无义则乱。——《墨子·天志上》

【原文】

然则天亦何欲何恶？天欲义而恶不义。然则率天下之百姓以从事于义，则我乃为天之所欲也。我为天之所欲，天亦为我所欲。然则我何欲何恶？我欲福禄而恶祸祟。若我不为天之所欲，而为天之所不欲，然则我率天下之百姓以从事于祸祟中也。然则何以知天之欲义而恶不义？曰：天下有义则生，无义则死。有义则富，无义则贫。有义则治，无义则乱。然则天欲其生而恶其死，欲其富而恶其贫，欲其治而恶其乱。此我所以知天欲义而恶不义也。

【译文】

既然这样，那么上天所希望和所厌恶的是什么呢？上天希望仁义而厌恶不仁义。那么率领天下的百姓来从事于仁义的事业，那么我做的是上天所希望的事情。我做上天所希望的事情，上天也会做我所希望的事情。那么我所希望和所厌恶的是什么呢？我所希望的是福禄，所厌恶的是祸害。如果我不做上天所希望的，而做上天所不希望的，那么我就是率领天下的百姓来从事会招致灾害的事情。既然这样，那么怎么知道上天希望仁义而厌恶不仁义呢？回答是：天下有仁义就能生存，没有仁义就会死亡；有仁义就会富贵，没有仁义就会贫穷；有仁义就会得到治理，没有仁义就会混乱。那么上天想要生存而厌恶死亡，想要富贵而厌恶贫穷，想要治理而厌恶混乱，这就是我知道上天想要仁义而厌恶不仁义的原因。

【评析】

墨子认为，上天的意志是包括天子在内的所有人都应遵循的。墨子试图借助"天志""天赏""天罚"，来劝诫执政者施行仁义、仁政。他指出，上天意志即"仁义"。顺应上天意志的人，便会得到上天的奖赏。违背上天意志的人，就会受到惩罚。

8. 国之治，治之废，则国之治亦废。国之富也，从事，故富也；从事废，则国之富亦废。故虽治国，劝之无餍，然后可也。——《墨子·公孟》

【原文】

公孟子曰："国乱则治之，国治则为礼乐；国治①则从事，国富则为礼乐。"

子墨子曰："国之治，治之废，则国之治亦废。国之富也，从事，故富也；从事废，则国之富亦废。故虽治国，劝之无餍②，然后可也。今子曰国治，则为礼乐，乱则治之，是譬犹噎而穿井也③，死而求医也。古者三代暴王桀纣幽厉，蔼为声乐④，不顾其民，是以身为刑僇，国为虚戾者⑤，皆从此道也。"

【注释】

① 治：当为"贫"。此句下当补"也，治之，故治也"六字。

② 餍（yàn）：满足。

③ 噎：阻塞。

④ 蔼（ěr）：华盛的意思。

⑤ 虚戾：即"虚厉"，居室无人叫"虚"，死了没有后代叫"厉"。

【译文】

公孟子说:"如果国家混乱就治理它,国家安定就制作礼乐;国家贫穷就努力生产,国家富裕了就制作礼乐。"

墨子说:"国家安定,是因为治理了,所以才会安定,如果废弃了治理,那么国家的安定也就不存在了。国家富裕,是因为努力生产了,所以才会富裕,如果废弃了努力生产,那么国家的富裕也就不存在了。因此即使是安定的国家,也要不断地努力,这样才可以。现在你说国家安定了,就制作礼乐,混乱了就治理它,这就好像口渴了才挖井,人死了才找医生一样。古时候夏商周三代的暴君夏桀、商纣、周幽王、周厉王,都盛制音乐,不顾他的民众,所以自身遭到杀戮,国力空虚,民众没有子嗣,这都是因为听从了这种主张。"

【评析】

墨子反对公孟子所说的,国家混乱则治理,国家安定则制礼乐,贫穷则事生产,富裕则制礼乐。他认为,国家无论混乱还是安定都应当加以治理。无论贫穷还是富裕也都应当重视生产,这样才能保证国家的长治久安。

三、道　家

1. 其事好还：师之所处，荆棘生焉。大军之后，必有凶年。——《道德经·第三十章》

【原文】

以道①佐人主者，不以兵强②天下。其事好还③：师之所处，荆棘生焉。大军之后，必有凶年。善有果④而已，不敢⑤以取强。果而勿矜⑥，果而勿伐⑦，果而勿骄，果而不得已，果而勿强。物壮则老，是谓不道，不道早已。

【注释】

① 道：此处指事物存在发展的规律。

② 强：逞强，争胜。

③ 其事好还：意为战争是危险之事，发动战争的人很容易给自己造成祸患。

④ 果：战果。

⑤ 敢：罗振玉、俞樾等学者都以"敢"字为衍文，其说详见朱谦之《老子校释》，中华书局1984年版。

⑥ 矜：自满，自大。

⑦ 伐：夸耀。

【译文】

以"道"辅佐君主的人，不靠武力争强于天下。发动战争是很危险的事，很容易对自己造成祸患：军队征伐的战场，土地荒芜，遍地长满荆棘。大战过后，一定会有荒年。善于用兵的人，取得战果就停下来，不依仗战争逞强称霸。取得战果而不自以为了不起，取得战果而不自我夸耀，取得战果而不骄傲自满，取得战果是出于迫不得已，取得战果也不称强。事物强盛到了极点就会衰败，靠武力争强是不符合事物发展之"道"的，不合于"道"就会很快灭亡。

【评析】

老子反对战争，否定战争，认为只有在万不得已的时候才可以发动战争。老子从辩证法的角度提出"不以兵强天下"，这在一定程度上揭示了战争与政治的内在关系与规律，对我们今天思考和处理国家安全问题具有重要的借鉴意义。

2. 兵者不祥之器，非君子之器，不得已而用之。——《道德经·第三十一章》

【原文】

夫唯兵者①，不祥之器，物或恶之②，故有道不处③。君子居则贵左④，用兵则贵右。兵者不祥之器，非君子之器，不得已而用之，恬淡为上⑤。胜而不美，而美之者，是乐杀人。夫乐杀人者，不可得志于天下矣。吉事尚左⑥，凶事尚右；偏将军居左⑦，上将军居右⑧。言以丧礼处之。杀人之众，以悲哀泣之⑨；战胜，以丧礼处之。

【注释】

① 夫唯兵者：原王弼本作"夫佳兵者"，王念孙《老子杂志》据唐碑本校订作"夫唯兵者"，"夫唯"，楚语中常用的发语词，金文中"佳"常释作"唯""惟"。但马王堆帛书甲、乙本中无"唯"字，同作

三、道 家

"夫兵者",高明《帛书老子校注》认为应从帛书本。但北大本有"佳"字。

② 恶（wù）：厌恶。

③ 不处：不用。

④ 居则贵左：平常居处以左为贵。古人认为左阳右阴，阳代表生，阴代表杀，所以平时以左为贵，战争时以右为贵。

⑤ 恬淡：淡漠。

⑥ 尚：崇尚。

⑦ 偏将军：副将。

⑧ 上将军：主将。

⑨ 以悲哀泣（lì）之：意为以悲伤的心情参与。泣，读为"涖"，同"莅""蒞"，参加，莅临。

【译文】

兵器是不吉祥的东西，所有人都憎恶它，所以有道的人不用它。君子平时居处以左为上，打仗时就要以右为上。兵器是不吉祥的东西，不是君子使用的器具，不得已才使用它，应当淡然处之。打了胜仗也不要得意，得意了就是喜欢杀人。喜欢杀人的人，不能使天下人拥护他。所以吉庆的事以左为上，凶丧的事以右为上。偏将军居于左侧，上将军居于右侧，是说打仗应以丧礼处置。打仗杀人众多，要以悲哀追悼阵亡的死者；打胜仗也要照丧礼来处置。

【评析】

兵者，不祥之器。执政者不能以兵为荣，更不能以兵为乐。只有到万不得已之时才能用兵。若将战争、杀人视为乐事，那么这人一定是暴戾好杀，独夫民贼，绝不可能赢得天下百姓的拥护与爱戴。就算是战争取得胜利，执政者也要按照丧礼的要求保持哀心，因为战争会造成大量死亡。和平来之不易。任何时候都要捍卫和平，维护国家的安宁与稳定。

3. 以正治国，以奇用兵，以无事取天下。——《道德经·第五十七章》

【原文】

以正治国，以奇用兵，以无事取①天下。吾何以知其然哉？以此：天下多忌讳，而民弥贫；民多利器②，国家滋昏；人多伎巧，奇物滋起；法令滋彰，盗贼多有。故圣人云：我无为，而民自化；我好静，而民自正；我无事，而民自富；我无欲，而民自朴。

【注释】

① 取：取得。
② 利器：指巧智、权谋。

【译文】

用正大光明的方法治国，用奇谲诡异的方法用兵，以不扰民来掌握天下。我怎么知道会是这样的呢？就是因为：天下的禁令越多，人民就越贫困；民间的武器越多，国家就越混乱，人们的技术越巧，奇怪物品越多；法令越分明，盗贼就越多。所以圣人说：我无所作为，人民自然顺化；我好静，人民自然端正；我不加干扰，人民自然富裕；我没有贪欲，人民自然淳朴。

【评析】

老子的"以正治国，以奇用兵"这一思想为后世兵家与法家继承，其中"无事取天下"是这一段话的精微之处。君主无事无为，才是符合大道的做法。治理一国或者攻城拔寨，都不是一个君主的最高追求。中国古代独特的"天下观"，决定了先秦诸子心中理想的君主应当以天下为己任。在老子看来，君主无事无为，才是化有四海，取得天下的唯一途径。

4. 治大国，若烹小鲜。——《道德经·第六十章》

【原文】

治大国，若烹小鲜①。以道莅②天下，其鬼不神③，非④其鬼不神；其神不伤人，非其神不伤人，圣人亦不伤人。夫两不相伤⑤，故德交归焉⑥。

【注释】

① 小鲜：小鱼。
② 莅：临。
③ 其鬼不神：鬼不起作用。
④ 非：不唯、不仅。
⑤ 两不相伤：鬼神和圣人不侵越人。
⑥ 故德交归焉：让人民享受德的恩泽。

【译文】

治理大国之时，如果施政过于烦琐，则民心就会涣散；如同烹制小鱼，如果搅动过于频繁，则鱼肉就会碎掉。故以"道"治理天下，则鬼不能妨害到神；不光鬼不能妨害到神，神也不能伤害到人；不光神不能伤害到人，圣人也不能伤害到人。为何鬼神与圣人都不能伤害到人呢？因为"德"交归于人，故能两不相伤。

【评析】

老子用"烹制小鱼"这样一个例子来形容治理大国的过程。如果君主多欲多为，那么国家必然陷入混乱，"其民缺缺"，谈不上国家安定。至于后半段，可参照《礼记·礼运》："故人者，其天地之德，阴阳之交，鬼神之会，五行之秀气也。"也就是说，人乃阴阳交会所生，具天地之德，故鬼神不能伤之；圣人治世爱民，以百姓心为心，以德善信百姓，故亦不能伤之。

5. 故大邦以下小邦，则取小邦；小邦以下大邦，则取大邦。——《道德经·第六十一章》

【原文】

大邦者，下流也①，天下之牝也②。天下之交也，牝恒以静胜牡③。为其静也，故宜为下也。故大邦以下小邦，则取小邦；小邦以下大邦，则取大邦。故或下以取，或下而取。大邦不过欲兼畜人④，小邦不过欲入事人⑤。夫两者各得其欲，则大者宜为下。

【注释】

① 大邦者，下流也：大国就好比是江河的下游。

② 天下之牝也：是天下的雌性。这里进一步把大国比作雌性。

③ 牝恒以静胜牡：雌性常常凭借静而胜过雄性。牝，雌性。牡，雄性。

④ 兼畜人：把更多的人并过来一起畜养。

⑤ 入事人：去事（侍奉）别人，指取得大国的容纳和保护。

【译文】

大国就好比是江河的下游，又好比是天下的雌性。天下的雌雄交合，雌性常常凭借安静胜过雄性。因为雌性安静，所以应该处在下面。所以大国能自居小国之下，就能取得小国的拥护；小国能自居于大国之下，就能被大国所接纳。所以有的自居在下面而能取得拥护，有的自居在下面能够获得接纳。大国不过是想要多畜养人，小国不过是想要去侍奉人。这样两者都能满足自己的要求，那么大国就更应该自居于下面。

【评析】

各国应互相尊重、互相谦让，共同维护国与国间的和平与安全。不论是大国还是小国，都应当保持谦虚、谨慎的姿态。特别是，在国际交往的过程中，大国作为强势一方更应当保持谦让的姿态，不论别国大小，都始终坚持一视同仁、平等相待。

6. 天下难事，必作于易；天下大事，必作于细。——《道德经·第六十三章》

【原文】

为无为，事无事，味无味①。大小多少②，报怨以德。图难于其易③，为大于其细④。天下难事，必作于易⑤；天下大事，必作于细。是以圣人终不为大⑥，故能成其大。夫轻诺必寡信，多易必多难。是以圣人犹难之⑦，故终无难矣。

【注释】

① 为无为，事无事，味无味：从事无为之为，从事无事之事，品味无味之味。

② 大小多少：此句颇费解，或疑有脱文，各家解说不一。司马光《道德真经论》解释为"视小若大，视少若多"，意思是说把小看作大，把少看作多。其说略与上下文意相合，今从其说。

③ 图：谋划，谋取。

④ 细：小。大细即大小，大、细相对，犹如难、易相对。

⑤ 作：兴起。

⑥ 终不为大：始终不自以为大。

⑦ 犹：尚且。

【译文】

从事无为之为，奉行无事之事，品味无味之味。把小看作大，把少看作多，以恩德来报答仇怨。处理难事要从容易的事做起，做大事要从小事做起。天下的难事，都起于易事；天下的大事，都起于小事。所以圣人始终不自以为大，却因此能成就他的大。轻易许诺，一定会缺少诚信；多把事情看得太容易，一定会遭受更多的困难。所以圣人尚且把事情看得很难，这样最终也就没什么困难了。

【评析】

老子认为"无为"本身即是"为"。执政者在治国理政的过程中，始终保持谦虚、谨慎的工作作风，不自大、不彰显自己的功绩。为防止国家未来出现大的变乱，要注重随时随地应对和处理各种隐患。对于国家已经出现的乱象，从局部入手，从小事、易事做起，逐步解决。这样，国家才能得到有效治理。

7. 是以圣人欲上民，必以言下之；欲先民，必以身后之。——《道德经·第六十六章》

【原文】

是以圣人欲上①民，必以言下之；欲先②民，必以身后之。是以圣人处上而民不重，处前而民不害。是以天下乐推而不厌。以其不争，故天下莫能与之争。

【注释】

① 上：统治。
② 先：超越。

【译文】

圣人犹如江海，作为一国之君，要想统治百姓，必定以谦卑自称；要想超越百姓，必定以身静后动。统治者如果自居人上，则不能体会到作为一国之君，身上所肩负责任之重大，从而忽视对百姓的管理，也就得不到百姓的尊重与爱戴。所以,圣人治世不与天下争,而天下也就无从与之争,自然顺化也。

【评析】

执政者如果能够"言下"而"身后",则天下之人都愿意拥立他,并且心甘情愿接受其统治,无有任何厌离之意。也就是说执政者治国,非但不能自认为高于百姓一等,相反,应当处处低姿态,以"下"取民、取天下。

8. 祸莫大于轻敌,轻敌几丧吾宝。——《道德经·第六十九章》

【原文】

用兵有言:"吾不敢为主而为客①,不敢进寸而退尺。"是谓行无行,攘无臂,执无兵,乃无敌矣②。祸莫大于轻敌,轻敌几丧吾宝。故抗兵相若③,哀者胜矣④。

【注释】

① 吾不敢为主而为客:我不敢做主导者而宁可做宾从者。主,主导者,这里指主动的一方。客,非主导者,这里指处于被动的一方。

② 行无行,攘无臂,执无兵,乃无敌矣:布无阵之阵,举无臂之臂,执无兵之兵,那就所向无敌了。

③ 抗兵相若:两军对垒,势力相当。抗兵,两军对垒。相若,相当。

④ 哀:悲悯。

【译文】

从前用兵的人曾说过:"我不敢做主导者,而宁可做宾从者;我不敢进一寸,而宁可退一尺。"这就叫作布无阵之阵,举无臂之臂,执无兵之兵，那就所向无敌了。没有比轻敌更大的灾祸，轻敌几乎丧失了我的法宝。所以，两军对垒，怀有悲悯之心的一方就获胜了。

【评析】

轻敌必败，哀兵必胜。执政者要常怀忧患意识。与敌国对战交锋的时候，更不能存轻敌冒进之心。只有这样，才能在战场上获得胜利。对待生命要一视同仁，不论是我方、敌方，士兵与百姓的生命都是值得珍惜的。

9. 凡事无大小，物自为舍。逆顺死生，物自为名。名刑已定，物自为正。——《黄帝四经·经法·道法》

【原文】

天地有恒常①，万民有恒事②，贵贱有恒立③，畜臣有恒道④，使民有恒度。天地之恒常，四时、晦明⑤、生杀、柔刚。万民之恒事，男农、女工⑥。贵贱之恒立，贤不肖不相放⑦。畜臣之恒道，任能毋过其所长⑧。使民之恒度，去私而立公。变恒过度⑨，以奇相御⑩。正奇有立⑪，而名〔刑〕弗去⑫。凡事无大小，物自为舍⑬。逆顺死生，物自为名。名刑已定，物自为正⑭。

【注释】

① 恒常：永恒。指永恒的自然规律。

② 恒事：永恒的职业。

③ 恒立（wèi）：永恒的位置。立，通"位"。

④ 畜：养育。这里引申为培育、使用。

⑤ 四时：四季。晦明：夜晚和白天。

⑥ 男农：男子从事农耕。女工：即女红。女子从事纺织。

⑦ 贤不肖不相放（fāng）：贤人与不贤的人不能处于同等的地位。也即让贤人高贵，让不贤的人低贱。放，通"方"，并列。

⑧ 任能：任用贤人。毋过其所长：不要超过他的长处。也即因材而用。

⑨ 变恒：常规情况出现变化，也即发生了意外情况。恒，常规。过度：超过应有的度。

⑩ 以奇相御：用权变的手段去处理它。奇，权诈，权变。

⑪ 正、奇有立（wèi）：常规手段和权变手段各有自己的适宜之处。正，正规，常规。立，通"位"。

⑫ 而名〔刑〕弗去：要牢牢把握住事物的形与名。也即把握事物的情状去处理它们。"名"后原缺一字，根据下文"名刑已定"，应补一"刑（形）"字。

⑬ 物自为舍：事物都各自为自己寻得一个合适的位置。舍，居所，位置。

⑭ 物自为正：事物（主要指人）都要各自遵循正确原则。

【译文】

天地之间存在固定永恒的规律，天下百姓都有各自从事的固定工作，贵贱高低也都有它们确定的位置，使用下臣有确定的方法，统治百姓有既定的守则。四季更迭、昼夜交替、荣枯变换、柔刚转化，便是天地间所存在的固有规律。男耕女织，便是百姓所从事的固定的工作。有才德和无才德的人不能处于同等的地位，这便是贵贱都有它们确定的位置。选任官吏时，职位的高低要与他的能力相符，这便是使用下臣的确定的方法。去私门而行公道，这便是统治人民的既定的守则。如果一旦出现了不正常或超越了常规的事情，就要相应地采取非常规的手段来加以控制。而治理国家所使用的常规与特殊的两种方法是各有位置、因事而施的，明白了这一点，那么在判定一切事物的概念与情况时也就不会发生偏颇了。事物无论巨细大小，都有它们各自存在的确定空间。而逆顺死生等一切情况的发生，都是由事物本身的性质决定的；根据性质，就可以准确地界定事物的名称和概念了。事物的情况和对该事物的概念既已确定，那么就可以对该事物做出正确的处理。

【评析】

天地的运行遵循其自然规律。国家的治理也有其规律可循。执政者治国理政应当依据规律进行。农业生产上,务必使百姓各尽其力;政治生活上,要区分贵贱,使贤者贵、不贤者贱;人事安排上,要使大臣各尽所长;治理百姓上,要去私行公。而面对特殊问题,要懂得权变,以奇相御,妥善处理。

10. 公者明,至明者有功。至正者静,至静者圣。——《黄帝四经·经法·道法》

【原文】

公①者明,至明②者有功。至正③者静,至静④者圣。无私者知,至知者为天下稽⑤。称⑥以权衡,参以天当。天下有事,必有巧⑦验。事如直木,多如仓粟,斗石已具,尺寸已陈,则无所逃其神。故曰:"度量已具,则治而制之矣。"

【注释】

① 公:无私。

② 明:指认识和了解事物运动变化的规律。

③ 正:指正常的法则。

④ 静:指遵循天道的虚静。

⑤ 稽(kǎi):通"楷",法式、法则,作动词则是取法之义。稽、楷同为脂部字,故可通假。

⑥ 称:度量,审定。

⑦ 巧(kǎo):同"考",考核。

【译文】

心胸广阔,能包容一切的人是精明的,最为精明的人才能建立功业。遵循正常法则的人才能达到因时而静的最高境界的静(至静),至静的人就是圣人。大公无私的人是睿智的,最为明智的人可以成为天下所取法的榜样。如果能够用法度来审定是非,并且参照自然、社会发展的必然规律,那么,天下之事都可以得到有效的证验了。事物繁多,如同仓中粟米。然而,法律制度都一一设置具备了,那么,再隐秘微妙的东西也无法逃脱。所以说,法度已然具备了,所有事情就都可以得到有效的监督和控制了。

【评析】

国家治理应当坚持公正的原则。执政者只有公正,才能聪明睿智,才能成为天下人的榜样。只有公正,才能安静地处理国家之事。纵使天下之事多如仓粟,国家也能得到有效的治理。

11. 过极失当,天将降殃。——《黄帝四经·经法·国次》

【原文】

国失其次①,则社稷大匡②。夺而无予,国不遂亡③;不尽天极,衰者复昌④。诛禁不当⑤,反受其殃⑥。禁伐当罪当亡⑦,必虚其国⑧,兼之而勿擅⑨,是谓天功⑩。天地无私,四时不息。天地立,圣人故载⑪。过极失当⑫,天将降殃。人强胜天,慎辟勿当⑬。天反胜人,因与俱行⑭。先屈后信⑮,必尽天极,而毋擅天功。

【注释】

① 次:次序,秩序。
② 社稷:地神与谷神。古人常用社稷代指国家。匡:损坏,败坏。
③ 夺而无予,国不遂亡:夺取一个国家而不施恩惠于这个国家的民众,那么这个国家就不会很快灭亡。予,给予,施恩惠。
④ 不尽天极,衰者复昌:如果不彻底遵循天道,被征伐的衰败国家还会重新振兴起来。天极,天地的最高法则。
⑤ 诛禁不当:征伐的对象和措施不当。诛禁,泛指讨伐、惩处。

⑥ 殃：通"殃"。灾祸，灾难。

⑦ 禁伐当罪当亡：讨伐那些理当治罪、理当灭亡的国家。

⑧ 必虚其国：一定要彻底削弱他的国力。

⑨ 兼之而勿擅：兼并了其他国家但不独占其利。擅，独占其利。

⑩ 是谓天功：这才叫作符合天理的功劳。是，代词，代指"兼之而勿擅"。

⑪ 天地立（wèi），圣人故载：天地万物各居其位，因此圣人才能成就自己的事业。立，通"位"。载，成功。

⑫ 过极失当：超越了天理，措施也不恰当。"当"字原缺，据上下文补。

⑬ 人强朕（shèng）天，慎辟（bì）勿当：当敌国无比强盛的时候，要谨慎地避开它。人，指敌国。朕天，形容对方无比强盛。朕，通"胜"。辟，同"避"。

⑭ 天反朕人，因与俱行：当上天要敌国灭亡时，就要顺应天意去消灭它。因，顺应。与俱行，即"与天俱行"。顺应天意去消灭敌国。

⑮ 信（shēn）：通"伸"。

【译文】

一个国家失去了正常秩序，那么这个国家就会严重地衰败。夺取这样的国家而不施恩惠给这个国家的民众，那么这个国家就不会很快灭亡；如果不彻底遵循天道，被征伐的这个衰败国家还会重新振兴起来。讨伐的对象和措施不正确，自己反而会为自身招来灾难。讨伐那些理当治罪、理当灭亡的国家，一定要彻底削弱其国力。兼并了其他国家但不独占其利，这才叫作符合天理的功劳。天地是公正无私的，四季是循环不息的。天地万物各居其位，因此圣人才能成就自己的事业。做事超越天理，措施也不恰当，上天将会降下灾难。当敌国无比强盛的时候，要谨慎地避开它；当上天要灭亡敌国时，就要顺应天意去消灭它。这就是先屈后伸的道理，一定要完全按照天理行事，而不要独占天的功劳。

三、道　家

【评析】

以老子为代表的道家学者本来是反对主动发动兼并战争。但面对战国后期各国间频繁的攻伐征战，黄老学者们开始逐渐调整自己的学说以适应时代之变化，他们指出，要顺应天道，灵活处理与敌国的关系，不能违背天理，轻易发动战争。但天有意要灭他国时，则可以遵循天意，抓住时机征讨，乘机消灭敌国。

12. 文武并行，则天下从矣。——《黄帝四经·经法·君正》

【原文】

天有死生之时，国有死生之正①。因天之生也以养②生，胃③之文；因天之杀也以伐死，胃之武。[文]武并行，则天下从矣④。

【注释】

① 正：同"政"，政教，政策。
② 养：指保护，联合。
③ 胃：通"谓"。
④ 从：顺从，服从。

【译文】

天下诸国或亡或存决定于天时，国家万事或成或败决定于国政。因此，对于天道使存之国，要顺应天意去联合保护它，这被称之"文"；而对于天道使亡之国，要顺应天意去讨伐兼并它，这就被称为"武"。文武并举，天下各国就会无不顺从。

【评析】

执政者在处理对外关系和维护国际安全方面，要始终坚持天道即正义原则与其他国家相互尊重、和平共处，同时也要坚定反对霸权主义和强权政治，既要"因天之生也以养生"，即帮助那些应该帮助的国家，也要"因天之杀也以伐死",讨伐那些应该讨伐的国家。

13. 节民力以使,则财生。赋敛有度则民富;民富则有佴,有佴则号令成俗而刑伐不犯,号令成俗而刑伐不犯,则守固单朕之道也。——《黄帝四经·经法·君正》

【原文】

人之本在地,地之本在宜①,宜之生在时②,时之用在民③,民之用在力,力之用在节④。知地宜,须时而树⑤;节民力以使⑥,则财生。赋敛有度则民富;民富则有佴⑦;有佴则号令成俗而刑伐不犯,号令成俗而刑伐不犯⑧,则守固单朕之道也⑨。

【注释】

① 地之本在宜:使用土地的根本在于种植适宜的庄稼。宜,指适宜的农作物。

② 宜之生在时:适宜庄稼的生长根本在于把握好种植的季节。

③ 时之用在民:把握种植季节的根本在于百姓。

④ 力之用在节:使用民力的根本在于掌握好节度。节,节制,节度。

⑤ 须时:等待恰当时节。须,等待。树:栽种,种植。

⑥ 节民力以使:适度地使用民力。节,有节制地,适度地。

⑦ 佴:通"耻"。羞耻。这里指羞耻之心。

⑧ 号令成俗:国家的号令就会变为百姓的行为习惯。

⑨ 单(zhàn):通"战"。作战。这里指讨伐他国。朕(shèng):通"胜"。

【译文】

人类生存的根本在于土地,使用土地的根本在于种植适宜的庄稼;在于准确把握种植季节,准确把握种植季节的关键在于百姓,使用百姓的关键在于让他们各尽其力，使用民力的关键在于要掌握好节度。知道土地适宜种植什么庄稼，并按照适当季节进行种植。适度地使用民力，就能有效地创造财富。税收适度百姓就会富足，百姓富足就会有羞耻之心；有了羞耻之心就能使国家的号令成为百姓的行为习惯而且不去触犯法律，这便是守国则稳固、攻伐则胜利的道理所在。

【评析】

人类生存的根本在于土地。国家生存的根本则在于百姓。作为执政者，想要实现军事强大、国家巩固，就必须顺应民意、适度地使用民力，同时要让百姓各尽其力，安居乐业。最关键是让百姓变得富裕。百姓富裕后即有羞耻之心，国家的政令更容易得到百姓的遵守，整个国家的安全与稳定也就会有可靠保障。

14. 法度者，正之至也。而以法度治者，不可乱也。——《黄帝四经·经法·君正》

【原文】

法度者，正之至也①。而以法度治者，不可乱也；而生法度者②，不可乱也。精公无私而赏罚信③，所以治也④。

【注释】

① 正之至：最为公正。
② 生：制定。
③ 精公：至公，最公正。精，完美，最好。赏罚信：赏罚必行。信，信实，必定。
④ 所以治：这就是治理国家的原则。

【译文】

法律制度，是最为公正的。用法律制度来治理国家的时候，不能胡乱作为；制定法律制度的时候，同样不能胡乱制定。至公无私而赏罚必行，这就是治理天下的原则。

【评析】

法度是国家治理的有效工具和手段。执政者要以法治理国家。其所制定的法律要保持相对稳定，不能随意变化。以法治国，要做到赏罚分明，赏罚必行，以实现天下大治。如果不能以法治国，则"上无固植，下有疑心。国无常经，民力必竭。"

15. 六柄：一曰观，二曰论，三曰僮，四曰槫，五曰变，六曰化。——《黄帝四经·经法·论》

【原文】

六柄：一曰观①，二曰论②，三曰僮③，四曰槫④，五曰变⑤，六曰化⑥。观则知死生之国，论则知存亡兴坏之所在，动则能破强兴弱⑦，槫则不失讳非之[分]⑧，变则伐死养生，化则能明德徐害⑨。六柄备则王矣。

【注释】

① 观：观察。指观察国家的情况。

② 论：辨析，分析。

③ 僮（dòng）：通"动"。相机而动。

④ 槫（zhuān）：通"专"。这里指专心思考。

⑤ 变：随机应变。

⑥ 化：转化。如祸福转化、善恶转化等。

⑦ 破强兴弱：击败强国而复兴弱国。

⑧ 讳（wěi）非之[分]：是非之分。讳，通"韪"。正确。"分"字原缺，据文义补。

⑨ 徐（chú）害：除去灾害。徐，通"除"。

三、道家

【译文】

治理国家的六种道术：一是观照几微，二是综合辨析，三是相时而动，四是以法决断，五是善于应变，六是交替变换。观照几微，可知一个国家的死生征兆；综合分析客观因素，就知道生死存亡的情况；相机而动，就可以击败强大而振兴弱小；以法决断，就不会混淆是非的界线；顺时应变，就能扫灭腐朽而培植新生；赏罚威惠交替变化，就能兴善除恶。六种道术具备，就可以称王天下了。

【评析】

六柄在《四经》正奇相佐的治国策略上属于"奇"类，是执政者治理国家的六大道术。因其过于抽象，需要执政者自己去把握其间的道理，并认真观察、专心思考、综合分析、灵活运用。

16. 三名：一曰正名，一曰立而偃；二曰倚名，法而乱；三曰强主，威而无名。——《黄帝四经·经法·论》

【原文】

三名：一曰正名①，一曰立而偃②；二曰倚名③，法而乱④；三曰强主⑤，威而无名⑥。三名察，则事有应矣。

【注释】

① 正名：辨正名分，确定名分。也即名实相副。

② 一曰：此二字为衍文，应删去。立：能够建立法度。偃：安，安定。

③ 倚（qī）名：名分不正。也即名实不副。倚，同"敧"。偏斜不正。

④ 法（fèi）：通"废"。废弃，荒废。

⑤ 强主：强大的君主。一说是指刚愎自用的君主。强，刚愎。

⑥ 威（miè）：同"灭"。

【译文】

决定国家治乱的三种名实关系：一是形名正定、名实相副，则法度就能得以建立并且国家得以安定；二是形名不正、名实不副，则法度荒废并且国家混乱；三是无视形名、名实扫地，则国家虽强，也会灭亡。懂得了以上三种形名关系，也就具备了应付一切的手段。

【评析】

"三名"系治国策略，属于"正奇"之分中的"正"类。唯有名实相称，法度才能名正言顺，才能有效规范人们的行为，从而使国家安定。若法度名实不副或无名无实，国家会陷入混乱，甚至走向灭亡。

17. 凡犯禁绝理，天诛必至。——《黄帝四经·经法·亡论》

【原文】

凡犯禁绝理，天诛必至。一国而服六危者①，灭；一国而服三不辜者②，死；废令者，亡；一国之君而服三壅者③，亡地更君④。一国而服三凶者⑤，祸反〔自〕及也⑥。上洫者死⑦，下洫者刑⑧。德溥而功厚者隋⑨，名禁而不王者死⑩。抹利⑪，襦传⑫，达刑⑬，为乱首，为怨媒⑭。此五者，祸皆反自及也。

【注释】

① 服：从事，实行。这里引申为出现。六危：六种危险现象。详见下文。

② 三不辜：三种无罪的人受到惩罚。辜，罪。

③ 三壅：三种闭塞不通的情况。

④ 更君：更换君主。

⑤ 三凶：三种凶恶的品德。

⑥ 祸反〔自〕及也：灾难会反过来落在自己的身上。也即自取灾

祸。"自"字原缺，据下文"祸皆反自及也"补。

⑦上洫（yì）者死：君主傲慢了就会死亡。上，指君主。洫，同"溢"。溢满，傲慢。

⑧下：指臣下。刑：受到惩罚。

⑨德薄：品德低下。隳（huī）：通"隳"。废掉，失败。

⑩名禁而不王者死：名号、法律不正确的国家就会灭亡。禁，禁令，法律。王，匡正，正确。

⑪抹（mèi）利：贪图财利。抹，通"昧"。贪图。

⑫襦传（rú zhuǎn）：背弃盟约。

⑬达刑：不合理的刑罚。达，不符合。

⑭为怨媒：充当引起别人怨恨的媒介。媒，媒介。

【译文】

凡是做了不该做的事情、违反了天理的人或国家，必然受到上天的惩罚。一个国家具备了因六种悖逆的现象而形成的六种危险和危害，这个国家就会灭亡。一个国家出现了肆意惩罚杀戮三种无罪之人的情形，这个国家就会濒于死地，这是因为废弛法令的国家必然灭亡无疑。一个国家出现了三个方面都壅塞不通的情况，就会丧失国土，更换君主。一个国家的君主具有三种恶德的话，就会自己招来祸殃。君主骄溢，必被戮而死；臣下骄奢，必有就刑之殃。只重武功而轻视文德的国家会受到极大的损害，各种等级制度和法令条文不能正定的话会导致国家灭亡。觊觎贪图别国的土地资财，轻易地改变主意背弃盟约，不恭行天意对有罪之国予以惩罚征讨，扮演祸乱的肇始者，充当引起怨恨的媒介，上述五种情况，都是自取祸患的做法。

【评析】

《亡论》篇主要讲述亡国之论。它主要探讨了国家政策与君主自身德行与国家存亡的关系，提出了可能导致亡国的六种因素：即犯禁绝理、六危、三壅、三不辜、三凶、五患。其中，犯禁绝理、六危、三壅是从国家的方针政策而言；三不辜、三凶、五患是针对执政者的德行而论。特别是，国家治理应处理好宗亲关系、外戚关系、君臣关系、君民关系、国际关系等核心关系。如果处理有失，可能导致国家不可避免地走向灭亡。

18. 兴兵失理，所伐不当，天降二殃。——《黄帝四经·经法·亡论》

【原文】

守国而恃其地险①者削，用国②而恃其强者弱，兴兵失理，所伐不当，天降二殃。

【注释】

① 地险：险，险要。地险即地之险要。
② 用国：或谓"用国"与"守国"为对文，用国即兴兵进攻之国。

【译文】

防守一方如果仅仅凭借地势险要、城郭牢固，势必有被侵削地之危，进攻一方倘使完全依仗军事上的强大必定会由强变弱。出兵不讲事理，征伐不合天道，上天就会降下大祸。

【评析】

两军对战，进攻一方不能仅凭着船坚炮利，防守一方也不能迷信于天险可守。真正左右战争结果的是究竟哪一方能够上合天道、下顺民心。黄老学说继承了老子的反战、息战思想，以天殃作为劝诫执政者不要随意开战的说辞。

三、道　家

19. 国受兵而不知固守，不邪恒以地界为私者□救人而弗能存，反为祸门，是胃危根。声华实寡，危国亡土。——《黄帝四经·经法·亡论》

【原文】

国受兵而不知固守，不邪恒以地界为私者□救人而弗能存，反为祸门，是胃危根。声华实寡，危国亡土。夏起大土功①，命曰绝理。犯禁绝理，天诛必至。

【注释】

① 夏起大土功：土功，指筑城、开渠等工程。夏季农忙时节兴修大的土木工程，会干扰农事，故下文有"命曰绝理"。

【译文】

国家受到侵犯，君主不专心于如何坚固防守，属下也只知随意划分管界但求自保。援救他国却不能使之免于危难，反而给自己招来祸患。上述三种情况是使国家招致危险的根源。不具实力反而虚张声势地去进攻别国，结果是国家危险，土地丧失。农忙季节却大兴土木，这是违背天理的。做了不该做的事情，违反了天理，必然会受到上天的惩罚的。

【评析】

保卫己国、救援他国与攻击他国，都应当遵道循理。"犯禁绝理"具体体现为守国、助国与攻国的注意事项和禁忌。《黄帝四经》以天讨、天罚威慑告诫执政者，守卫国家需要国人上下一心。救援他国者，一定要有使自己免于危难的能力。攻击他国者，自身一定要具备强大的实力。否则，反而会导致国家陷入危险之中。

20. 乱积于内而称失于外者伐。——《黄帝四经·经法·名理》

【原文】

乱积于内而称①失于外者伐。亡刑②成于内而举失于外者灭，逆则③上溢而不知止者亡。国举袭虚④，其事若不成，是谓得天，其事若果成，身心无名。重逆〔以荒〕，守道是行，国危有殃。两逆相攻，交相为殃，国皆危亡。

【注释】

① 称：称兵。
② 亡刑：刑，同"形"，亡国之形。
③ 逆则：读为逆节。
④ 国举袭虚：国举，即举国。袭，袭击。虚，指空虚之国。或谓举乃策划之意，可参考。

【译文】

国内动荡不安却又在外交上举措失利，此是取败之道；国内已出现了败亡的迹象却执迷不悟地对外兴兵，这是注定要灭亡的；违逆天道、骄横恣肆而怙恶不悛者，必自取灭亡。举一国之兵而攻袭一弱小之国，如其事未遂，那算是上天的照顾，没有使其得到以强欺弱的恶名；然一旦得手，也绝无功名可言。大逆不道，外内迷乱，执此逆道，一意孤行，必定是国家危殆，自取祸殃。逆上加逆，酿成大患，国无大小，统统灭亡。

【评析】

治国安邦须先内后外，定内安外。要想使国家外部安定，必须先保证其内部的和谐、稳定。外交战略应视情况确定。执政者要注意维护和平。战争并不能维持国家长治久安。任何国家都不能以大欺小，不能随意发动不义之战。若一个国家内部动荡，还执迷于发动对外作战，则是逆天而行，终将走向灭亡。

21. 作争者凶，不争亦毋以成功，顺天者昌，逆天者亡。——《黄帝四经·十大经·姓争》

【原文】

高阳问力黑曰①："天地［已］成②，黔首乃生③。莫循天德④，谋相复顷⑤，吾甚患之⑥，为之若何？"力黑对曰："勿忧勿患，天制固然⑦。天地已定，规侥毕挣⑧。作争者凶⑨，不争亦毋以成功⑩。顺天者昌，逆天者亡。毋逆天道，则不失所守⑪。天地已成，黔首乃生；胜生已定⑫，敌者生争⑬。不谌不定⑭。凡谌之极⑮，在刑与德。"

【注释】

① 高阳：高阳是黄帝的孙子，昌意的儿子。

② 天地［已］成："已"字原缺，据文义补。

③ 黔首：这里泛指人类。

④ 莫循天德：没有人遵循上天的美德。莫，没有人。

⑤ 谋相复顷：都在谋划着相互倾轧。复，通"覆"，颠覆。顷，同"倾"，倾覆。

⑥ 患：担心，发愁。

⑦ 天制固然：天道具有不变的原则。天制，天道。固然，本然，本来。这里指固有的原则。

⑧ 规侥（qí náo）毕挣：各种生灵都在相互争斗。

⑨ 作争者凶：首先挑起争斗的人会遇到凶险。作，开始。这里指首先挑起。

⑩ 不争亦毋以成功：完全不斗争也无法成功。毋以，即"无以"。没有办法。以上两句是说，不要首先挑起争斗，但在应该争斗的时候，还是要奋起争斗，否则也无法成功。

⑪ 所守：所持有的东西。

⑫ 胜（xìng）生已定：姓氏出现后而各有定分。胜，通"姓"。姓氏。这里指氏族部落。定，定分。指各个氏族部落具有各自应有的地盘、权利等。

⑬ 敌者生争：而敌对部落、国家之间开始出现纷争。

⑭ 不谌（kān）不定：不使用刑罚就无法使天下安定。谌，通"戡"。讨伐，刑罚。

⑮ 凡谌之极：大凡使用刑罚的原则。极，原则。

【译文】

高阳问力黑说："天地已经形成，于是人类就开始出现了。然而却没有人能够遵循上天的美德，总在谋划着相互倾轧，我对此十分担忧，该怎么办呢？"力黑回答说："不需发愁，也不必担心，天道具有自己不变的原则。天地的格局确定下来之后，各种生灵都在纷纷争斗。首先挑起争斗的人就会遇到凶险，然而一味不去争斗的人也无法成功。顺应天道行事的人就会繁荣昌盛，违逆天道的人就会失败衰亡。不去违逆天道，就不会失去自己已经占有的东西。天地已经形成，于是人类就开始出现了；氏族部落已经形成，于是敌对的部落之间也就开始出现争斗了，不去惩罚这些争斗的人天下就不会安定。惩罚的原则，就是同时使用刑罚和恩德两手。"

【评析】

治国理政要顺应天道。执政者要恩威并施，以维持天下的和平与安宁。高阳与力黑这段对话，表达出了他们对于人类不断相互争斗、战火连绵不绝的担忧。他们提出天道、天报思想，谴责率先发动战争的人，但同时他们也反对一味不争。在他们看来，在人人争斗的时代，一味不争，可能意味着自甘灭亡。

三、道　家

22. 因民之力，逆天之极，又重有功，其国家以危，社稷以匡，事无成功，庆且不乡其功，此天之道地。——《黄帝四经·十大经·兵容》

【原文】

天固有夺有予，有祥［福至者也而］弗受①，反隋以央②。三遂绝从③，兵无成功；三遂绝从④，兵有成［功]⑤。□不乡其功⑥，环受其央⑦。国家有幸，当者受央⑧；国家无幸，有延其命⑨。茀茀阳阳⑩，因民之力⑪，逆天之极⑫，有重有功⑬，其国家以危，社稷以匡⑭，事无成功，庆且不乡其功⑮，此天之道也。

【注释】

① 有祥［福至者也而］弗受：有吉祥幸福的事情来了而不去接受。"福至者也而"五字原缺，据文义补。

② 反隋以央：那么上天反而会接着降下灾难。隋，通"随"。随着，接着。央，通"殃"。灾难。

③ 三遂绝从：天时、地利、人和三个条件都具备了，却拒绝顺应着这三个条件去进攻敌国。三，指天时、地利、人和三个条件。遂，成，具备。

④ 绝：根据上下文义，此"绝"字可能有误，余明光《黄帝四经今注今译》认为应为"孜"字。孜，通"务"。务必，一定。

⑤ 兵有成［功]："功"字原缺，据上文"兵无成功"补。

⑥ □不乡其功：如果不去接受上天赐予的功劳。乡，通"飨"。享受，享有。这里引申为接受。本句缺一字，可能为表如果的发语词，如"其"字。

⑦ 环受其央：反过来会遇到上天降下的灾难。环，通"还"。反过来。央，通"殃"。灾难。

⑧ 国家有幸，当者受央：如果国家幸运，那么应该承担失败责任的人就会遭受灾难。央，通"殃"。灾难。意思是说，应该承担责任的人

受到惩罚之后，就会为国家消除隐患。

⑨ 国家无幸，有延其命：国家如果不幸，那么应该承担失败责任的人就会继续在位。有，通"又"。命，指政治生命。

⑩ 茀茀（fú）阳阳：声势浩大的样子。

⑪ 因：凭借，利用。

⑫ 逆天之极：违背了上天的原则。极，原则。

⑬ 有重有功：又好大喜功。第一个"有"字通"又"。重，看重。

⑭ 社稷以匡：国家就会衰败。匡，损坏，败坏。

⑮ 庆且不乡其功：即使有一些值得庆贺的事情，最终也无法享有任何功劳。庆，喜庆之事。且，仍然。乡，通"飨"。享有。

【译文】

上天对于万物的确是有剥夺也有赐予，如果上天赐予了福祉而不去接受，那么反过来接着会遇到上天降下的灾难。如果拒绝接受天时、地利、人和三个有利的条件，就不会建立军功；如果能够接受天时、地利、人和三个有利条件，就能够建立功劳。如果不能接受上天赐予的功劳，反过来就会遇到上天降下的灾难。倘若国家幸运，那么应该承担责任的人就会受到应有的惩罚；假使国家不幸，那么应该承担责任的人仍然会高居其位。如果一个君主声势浩大地去发动战争，借助于民众的力量，去违反上天的原则，再加上好大喜功，那么他的国家就危险了，国家就会因此衰败混乱，做事也不会成功，即使有一些值得庆幸的事情也无法享有任何功劳。这就是上天的运行规律。

【评析】

兵容者，行军作战之道也。执政者治理国家应当遵循天道，不要好大喜功、以战为乐，尤其不应发动不义战争。军队作战要善于利用天时、地利、人和。当三者都满足时，执政者应抓住时机，顺应上天，建立军功。

三、 道 家

23. 行非恒者，天禁之。爽事，地禁之。失令者，君禁之。三者既修，国家几矣。——《黄帝四经·十大经·三禁》

【原文】

行非恒者①，天禁之。爽事②，地禁之。失令者，君禁之。三者既修，国家几③矣。

【注释】

① 行非恒者：指行为没有一定的规范。
② 爽事：爽，差错。事，农事。
③ 几：危险。

【译文】

行事没有一定的准则，为天道所禁止。违背农事徭役的规律，为地道所禁止。背离教令，则为君主所禁止。上述关于行为的准则、农事与徭役的关系以及教令等三方面的事情都做好了，国家也就差不多达到治理了。

【评析】

若想将国家治理好，执政者要顺天而行，推行得当的政令，修整农事，发展生产，尤其应当禁绝以下三种行为：一是行事不能没有恒定的准则；二是不得违背农事、农业规律；三是要及时惩戒违反法令的行为。做到了这三点，国家自然大治。

24. 正道不台，可后可始。乃可小夫，乃可国家。——《黄帝四经·十大经·前道》

【原文】

国大人众，强国也，□身载于后①，□□□□□□□□□□

□□□□□而不□□□□□□幸也②。故王者，不以幸治国③。治国，固有前道④，上知天时，下知地利，中知人事。善阴阳⑤，□□□□□□□□□□□□□□□□□⑥，[名]正者治，名奇者乱⑦；正名不奇，奇名不立⑧。正道不台⑨，可后可始⑩。乃可小夫⑪，乃可国家。小夫得之以成，国家得之以宁。小国得之，以守其野⑫。大国[得之，以]并兼天下⑬。

【注释】

① □身载于后：如果把圣贤置于脑后。缺一字，可能为"若"字。

② □□……幸也：本句缺字较多，无法补足。陈鼓应《黄帝四经今注今译》说："此处缺二十余字，虽不能明确知道所缺为何字，但它显然是与前文'身载于前，主上用之，长利国家社稷，世利万夫百姓……王公（若）知之，国家之幸也'相反为文，故其可能是：'若身载于后，主上不用之，则不利国家社稷、万夫百姓。王公而不知之，乃国家之不幸也。'"录此备考。

③ 不以幸治国：不能带着侥幸的心理去治理国家。幸，侥幸。

④ 前道：从前已经存在的大道。也即成法。

⑤ 善阴阳：善于了解阴阳。

⑥ □□……：本句缺字多，无法补足。

⑦ [名]正者治，名奇者乱：名分确定了国家就会安定，名分不正就会导致天下大乱。治，安定。奇（jī），邪，不正。"名"字原缺，据下文补。

⑧ 正名不奇（jī），奇名不立：名分确定了办事就会顺利，名分不正事情就不能成功。奇，不顺利。立，成功。

⑨ 不台（dài）：不会失败。台，通"殆"。危险，失败。

⑩ 可后可始：可以后行动，也可以先行动。这两句意思是，只要遵循大道，无论先行动，还是后行动，都可以成功。

⑪ 乃可小夫：（大道）既适合普通百姓。可，适合。小夫，普通百姓。

⑫ 野：国土。

⑬ 大国［得之，以］并兼天下：这两句原缺三字，据上一句补。

【译文】

幅员辽阔，人口众多，这是强大的国家。但如果把圣贤置于脑后，□□□□□□□□□□□□□□□□□而不□□□□□□幸也。作为君主，不能带着侥幸的心理去治理国家。治理一个国家，本来就有既定的法则，这就是上要懂得天时，下要了解地利，中间还要明白人事。要精通阴阳之道，□□□□□□□□□□□□□□□□□□□，名分确定了国家就会安定，名分不正就会导致天下大乱；名分确定了办事就会顺利，名分不正办事就无法成功。遵循正道就不会失败，无论是后行动还是先行动都会顺利如意。正道不仅适合于百姓的个人生活，也适合于治理整个国家；百姓掌握了正道就能够成就自己的事业，国家掌握了正道就能够太平安宁。小国掌握了正道，可以守护自己的疆土；大国掌握了正道，就可以统一整个天下。

【评析】

凡治国，不应只凭个人喜好和欲望行事，而应遵循一定的规律。一是要尚贤。一个国家要想治理得好，必然不能缺少圣贤的引导。二是要遵守前道，循天时、地利、人和治国。三是要正名。名不正则言不顺，言不顺则事不成。四是要遵循天道。不论对于个人还是对于国家而言，都要遵循天道而行事。如此，才能守护好自己的国家。

25. 环□伤威。厇欲伤法。无隋伤道。数举参者，有身弗能葆，何国能守。——《黄帝四经·称经》

【原文】

环□伤威①，厇欲伤法②，无隋伤道③。数举参者④，有身弗能葆⑤，何国能守。

【注释】

① 环□伤威：君主自私就会损害自己的权威。本句所缺的字，马王堆帛书整理小组认为是一"私"字。《管子·君臣下》："兼上下以环其私。"《韩非子·人主》："其当途之臣，得势擅事以环其私。"

② 佗（chí）欲伤法：纵欲就会损害国家的法制。佗，通"弛"，松弛，放纵。

③ 无隋伤道：不遵循正确原则就会损害大道。隋，通"随"，遵循。这里指遵循正确原则。

④ 数（shuò）举参（sān）者：反复去做以上三件事情。数，多次，反复。举，行，做。参，同"三"。"三者"，指上文提到的"环□伤威，佗欲伤法，无隋伤道"三件事情。

⑤ 有身弗能葆：连自身都不能保全。有，名词词头，无义。葆，通"保"，保护。

【译文】

君主自私自利就会损害自己的权威，放纵欲望就会损害国家的法律制度，不遵循正确原则就会损害大道。如果反复做以上三种事情，自身尚难保全，又如何能够去保护自己的国家呢？

【评析】

执政者治理国家，应当限制自身欲望，放下自身的利益。执政者对刑罚的运用，要符合天道，要有所节制，不能过于随心所欲。如果任用刑法轻重不明，不但会损害司法公信力，还会严重危害国家的安定。

26. 天生万物，唯人为贵。——《列子·天瑞》

【原文】

孔子游于太山①，见荣启期行乎郕之野②，鹿裘带索③，鼓琴而歌。孔子问曰："先生所以乐，何也？"

三、道　家

对曰："吾乐甚多：天生万物，唯人为贵；而吾得为人，是一乐也。男女之别，男尊女卑，故以男为贵；吾既得为男矣，是二乐也。人生有不见日月，不免襁褓者④；吾既已行年九十矣，是三乐也。贫者，士之常也；死者，人之终也。处常得终，当何忧哉？⑤"孔子曰："善乎！能自宽者也。"

【注释】

① 太山：即泰山。

② 荣启期：春秋时的隐者。郕（chéng）：古邑名，在今山东宁阳东北。

③ 鹿裘：粗陋的冬衣。带索：腰间系着绳索。

④ 不见日月：指尚未出生就死去的胎儿。不免襁褓（qiǎng bǎo）：指死在襁褓中的婴孩。

⑤ 得：应作"待"，等待。

【译文】

孔子在泰山游览，看见荣启期在郕地的郊野行走，身上穿着粗劣的皮衣，腰间系着绳索带子，一边弹琴，一边唱歌。孔子问道："先生这样快乐的原因是什么呢？"

荣启期回答道："我快乐的原因有很多：上天生养万物，只有人是最尊贵的；而我得以为人，这是第一件快乐的事。男女有别，男尊女卑，所以以男子为尊贵；我已经成为一名男子，这是第二件快乐的事。人生有不曾看见太阳月亮就在母亲腹中死去的，也有活了没多久，就在襁褓里夭折的；我已经活了九十多岁，这是第三件快乐的事。贫穷是读书人的常情；死亡是人生的必然结局。我处在读书人普遍的常情中，等候着必然降临的结局，还有什么使我忧虑的呢？"孔子说："好啊！真是一个能够自我宽慰的人。"

【评析】

就个体而言，人应当坦然面对生死，安贫乐终，踏实活在当下。即使面对征伐纷乱，也应当在艰难中保持乐观的心态，努力生存下去。就执政者而言，应当明白"天生万物，唯人为贵。"世上万物中最珍贵的莫过于人，一切政令的实施都应以人为本。

27. 天下有常胜之道，有不常胜之道。常胜之道曰柔，常不胜之道曰强。——《列子·黄帝》

【原文】

天下有常胜之道，有不常胜之道。常胜之道曰柔，常不胜之道曰强。二者亦知①，而人未之知。故上古之言：强，先不己若者②；柔，先出于己者。先不己若者，至于若己，则殆矣。先出于己者，亡所殆矣。以此胜一身若徒③，以此任天下若徒。谓不胜而自胜，不任而自任也。鬻子曰④："欲刚，必以柔守之；欲强，必以弱保之。积于柔必刚，积于弱必强。观其所积，以知祸福之乡⑤。强胜不若己，至于若己者刚⑥；柔胜出于己者，其力不可量。"老聃曰："兵强则灭，木强则折⑦。柔弱者生之徒，坚强者死之徒。"

【注释】

① 亦：当作"易"，容易。
② 先：指外界的事物。
③ 若徒：如同徒役，意为甘心为下。一说，"若徒"意为"此道"。
④ 鬻（yù）子：即鬻熊。
⑤ 乡：通"向"，趋向，趋势。
⑥ 刚：应为"戕"（qiāng），残害，含有"折"义。
⑦ 折（shé）：断。

【译文】

天下有常胜的道，有不常胜的道。常胜之道叫做柔弱，不常胜之道叫做刚强。二者显而易见，但人们多不知道。所以上古有句话说：依靠刚强，只能战胜不如自己的；依靠柔弱，却能战胜超过自己的。只战胜不如自己的，等到它们和自己相当了，就危险了。战胜超过自己的，就没有危险了。用来战胜身心的是这个道理，用来应付天下的也是这个道理，这叫做虽然不是有意战胜却自然就已战胜，虽然不是有意胜任却自然就已胜任。鬻子说："要想刚，必定得靠柔来守护；要想强，必定得用弱来保障。柔积蓄起来必定刚，弱积蓄起来必定强。观测它们所积蓄的，就可以知道祸福的趋向了。靠刚强胜过不如自己的，等到它与自己相当就会殃；靠柔弱胜过超过自己的，力量便不可估量。"老子说："兵马强大就会被消灭，树木强硬就会被折断。柔弱是生存的道路，坚强是死亡的途径。"

【评析】

治理国家应当"以柔克刚，以弱胜强。"一方面，执政者要始终保持心态上的平和，居安思危，始终以弱视己，不断积蓄力量。另一方面，也要学会观察敌人的强弱之处，找准敌人弱处，用好自己的优势，破坏敌人实力，实现优劣转化，争取以弱胜强。

28. 治身以及家，治家以及国。——《列子·杨朱》

【原文】

子产相郑，专国之政；三年，善者服其化，恶者畏其禁，郑国以治，诸侯惮之。

而有兄曰公孙朝，有弟曰公孙穆。朝好酒，穆好色。朝之室也聚酒千钟①，积麴成封②，望门百步，糟浆之气逆于人鼻。方其荒于酒也③，不知世道之安危，人理之悔吝，室内之有亡，九族之亲疏④，存亡之哀乐也。虽水火兵刃交于前，弗知也。穆之后庭比房数十，皆择稚齿婑媠者以盈之⑤。方其耽于色也，屏亲昵，绝交游，逃于后庭，以昼足夜⑥；三月一出，意犹未惬。乡有处子之娥姣者⑦，必贿而招之，媒而挑之，弗获而后已。

子产日夜以为戚，密造邓析而谋之，曰："侨闻治身以及家，治家以及国，此言自于近至于远也。侨为国则治矣，而家则乱矣。其道逆邪？将奚方以救二子？子其诏之⑧！"

邓析曰："吾怪之久矣！未敢先言。子奚不时其治也，喻以性命之重，诱以礼义之尊乎？"

子产用邓析之言，因间以谒其兄弟，而告之曰："人之所以贵于禽兽者，智虑。智虑之所将者⑨，礼义。礼义成，则名位至矣。若触情而动，耽于嗜欲，则性命危矣。子纳侨之言，则朝自悔而夕食禄矣。"

朝、穆曰："吾知之久矣，择之亦久矣，岂待若言而后识之哉？凡生之难遇而死之易及；以难遇之生，俟易及之死，可孰念哉？而欲尊礼义以夸人，矫情性以招名，吾以此为弗若死矣。为欲尽一生之欢，穷当年之乐，唯患腹溢而不得恣口之饮，力惫而不得肆情于色；不遑忧名声之丑，性命之危也。且若以治国之能夸物，欲以说辞乱我之心，荣禄喜我之意，不亦鄙而可怜哉？我又欲与若别之。夫善治外者，物未必治，而身交苦；善治内者，物未必乱，而性交逸。以若之治外，其法可暂行于一国，未合于人心；以我之治内，可推之于天下，君臣之道息矣。吾常欲以此术而喻之，若反以彼术而教我哉？"

子产忙然无以应之⑩。他日以告邓析。邓析曰："子与真人居而不知也，孰谓子智者乎？郑国之治偶耳，非子之功也。"

【注释】

① 千钟：极言其藏酒之多。钟，古代量器。四升为豆，四豆为区，四区为釜，十釜为钟。

② 麴（qū）：酒曲。封：土堆。

③ 荒：沉迷。

④ 九族：指本身以上的父、祖、曾祖、高祖和以下的子、孙、曾孙、玄孙。

⑤ 稚齿：谓年少。婑媠（wǒ tuǒ）：柔弱美好貌。

⑥ 足：补足。

三、道 家

⑦ 娥姣：意谓女子貌美。
⑧ 诏：本用作上对下的告语，这里泛指"告诉"。
⑨ 将：凭借，依据。
⑩ 忙然：即"茫然"。

【译文】

子产担任郑国的国相，独揽政权，三年之后，好人顺服他的教化，坏人畏惧他的禁令，郑国因此得以长治久安。各国诸侯都害怕郑国的强大。

但子产有个哥哥名叫公孙朝，有个弟弟名叫公孙穆。公孙朝好酒，公孙穆好色。公孙朝的家里藏有上千坛好酒，陈曲堆积成山，离大门百步之远，糟浆的气味就直冲入鼻。当他沉湎于饮酒的时候，根本不顾社会的安危、人事的纷争、家庭的有无、九族的远近、存亡的哀乐。即使水火兵刃交加来到面前，也茫然无知。

公孙穆的后庭并列有数十间房，都选择年少美貌的女子住在里面。当他沉迷于女色的时候，屏退亲友，断绝交游，躲在后庭，日以继夜；三个月才出来一次，还感到未能满足。乡间凡有娇美的处女，他必定要用财物招引，派媒人诱惑，不弄到手就不肯罢休。

子产整天整夜为这兄弟二人的行为担忧，于是私底下造访邓析，同他商量说："我听说治理好自身才能治理好家，治理好家才能治理好国，这是说做事得按照从近到远的次序。我对于国家可以说是治理得十分像样，可是自己家却弄得一团糟。这不是把修身、齐家、治国的道理颠倒了吗？有什么办法可以挽救我这两位兄弟呢？您替我出出主意啊！"

邓析说道："我对这情况早就感到奇怪了，只是没敢先说罢了。你为什么不找个恰当的时机管教他们一下，劝谕他们认识性命的重要，启发他们明白礼义的尊贵呢？"

子产采纳了邓析的意见，找机会去见了兄弟俩，并劝告他们说："人之所以比飞禽走兽高贵，在于人有理智和思虑。理智和思虑所依托的，便是礼义。礼义具备了，名誉地位就会随之而来。如果一味地感情用事，沉溺于个人嗜好，那么性命就危险啦。你们要是听从我的劝告，那早上改悔，到晚上就能居官吃俸禄了。"

公孙朝和公孙穆答道："这道理我们知道了很久，也抉择了很久，难道还要等你说了才明白吗？大凡生命是难以得到的，死亡却很容易到来。以难得的生命，去等待容易到来的死亡，还有什么可以顾忌的呢？你想通过尊重礼义来向人夸耀，矫饰性情来招致美名，我们认为这样还不如死了好呢。生而为人，就要享尽一生的欢愉，穷极有生之年的快乐。只怕肚子太饱而不能让嘴巴恣意吃喝，只怕精力疲惫而不能纵情于声色；顾不上担忧什么名声的丑恶，性命的危险。而你凭着治国的才干向社会夸耀，还想用说辞来扰乱我们的心思，用功名利禄来诱惑我们的意志，岂不是太卑鄙太可怜了吗？我们试想替你把道理分辨清楚。善于治理外物的人，外物未必治理得好，而自己却累得心力交瘁；善于治理内心的人，外物未必会发生混乱，而本性却自然得以安逸。以你治理外物的方法，或许暂时能在一国奏效，却未必合乎人心；以我们调治内心的方法，则可以推广到整个天下，连君臣之间的一切纲常教律也一概可以废除了。我们常常想用这治内心的方法来开导你，结果你倒用你治外物的方法教训起我们来了？"

子产茫茫然无言以对，改天把这事告诉邓析。邓析说："你和得道的真人住在一起却不知道，谁说你是个聪明人？郑国治理得好不过是偶然而已，并不是你的功劳啊。"

【评析】

子产与其兄弟的对话，反映了两种不同的修身及治国的思路。子产提倡修身、齐家、治国、平天下。而齐家、治国与平天下，皆以修身为基础。子产兄弟则否定了修身与齐家、齐家与平天下之间存在关系。在他们看来，国家治理的关键是遵从内心、打破条条框框对于人性的束缚，不违自然所好。如此，则百姓可安居、天下得治。

三、道　家

29. 治国之难在于知贤而不在自贤。——《列子·说符》

【原文】

列子曰："色盛者骄，力盛者奋，未可以语道也。故不班白①语道，失，而况行之乎？故自奋则人莫之告。人莫之告则孤而无辅矣。贤者任人，故年老而不衰，智尽而不乱。故治国之难在于知贤而不在自贤。"

【注释】

① 班白：同"斑白"，头发花白，谓年老。

【译文】

列子说："血气方刚的人容易骄傲，体力充沛的人容易逞强，没法和他们谈论大道。所以头发尚未斑白的人来谈论道，必定有所违失，况去实行道呢？所以谁若是逞强，就没有人来劝告他。没有人来劝告，就会变得孤立无援。贤明的人善于任用他人，所以即便上了年纪，治事的能力也不会衰退，即便智力用尽，思想也不会混乱。所以治理国家就难在知贤善任，而不是自认贤明。"

【评析】

国家长治久安的关键在于执政者知贤善任，而不是一味自认贤明。执政者应有一颗爱才、惜才之心。后世楚汉相争的历史结果，更加论证了列子此话并非虚言。刘邦之所以能取得天下，关键在于其能够知贤、任贤。"吾能用之，此吾所以取天下也。"相形之下，项羽却是列子所言的色盛、力盛之人，难以做到知贤任贤，最终丢失了天下。

30. 得时者昌，失时者亡。——《列子·说符》

【原文】

得时者昌，失时者亡。子道与吾同，而功与吾异，失时者也，非行之谬也。且天下理无常是,事无常非。先日所用,今或弃之;今之所弃,后或用之。此用与不用,无定是非也。投隙抵时①,应事无方,属乎智。

【注释】

① 投隙抵时:迎合机会,行动及时。投,犹迎合。隙,机会。抵,到达。时,适时。

【译文】

凡是顺应时机的就昌盛,违逆时势的就败亡。你们所学的和我们一样,功效却和我们不同,这是讳逆时势的缘故,并非你们的做法有什么错谬。况且天底下没有永远正确的道理,也没有永远错误的事情。先前采纳的,现在或许被废弃了;现在废弃的,将来或许还会被采纳。这里头的用或者不用,并没有一定的是非对错。迎合时机,抓住机遇,应对事变,不拘成法,才是智慧的表现。

【评析】

天下没有永恒的真理和永恒的谬误。治理国家关键是要"投隙抵时"。一方面,执政者要审时度势,根据本国条件和外部环境,抓住适合自己发展的际遇。另一方面,要立足本国的国情与民情,顺天时而动,及时调整自己的发展战略。如此,国家方可长治久安。

31. 凡交,近则必相靡以信,远则必忠之以言。言必或传之。——《庄子·人间世》

【原文】

丘请复以所闻①:凡交②,近则必相靡以信③,远则必忠之以言。言必或传之④。夫传两喜两怒之言,天下之难者也。夫两喜必多溢美之言⑤,两怒必多溢恶之言⑥。凡溢之类妄⑦,妄则其信之也莫⑧,莫则传言者殃。故法言曰⑨："传其常情⑩，无传其溢言，则几乎全⑪。"

【注释】

① 复：再。

② 交：国与国之间的交往。

③ 近：邻近的国家。靡：顺。信：信用。

④ 或：有人。

⑤ 溢美：夸奖过分。

⑥ 溢恶：指责过分。

⑦ 妄：不真实。

⑧ 莫：疑惑。

⑨ 法言：格言。

⑩ 常情：真实无妄之言。

⑪ 全：谓免祸全身。

【译文】

我再告诉你我所听到的话：大凡国与国之间的交往，邻近的国家就一定用信用去求顺，远道的国家就一定用忠实的言语去结信，言语必须有人传达。传达两国君主喜怒的言辞，实在是天下最难的事。两国君主喜悦，其言辞就一定会夸奖过分，两国君主愤怒，其言辞就一定会指责过分。凡是过分的话就会接近于不真实，不真实的话使人迟疑不信，疑惑则传话的使臣就会遭殃了。所以格言说："传达真实之言，不要传达过分的言辞，那就差不多能够免祸全身了。"

【评析】

一个国家，应当根据自身与他国远近距离不同而采取不同的外交政策。叶公子高受国君指派出使齐国。叶公子高非常担心自身不能完成国君指派的出使任务而引来惩罚。为此，在临行前他向孔子请教作为使者出使他国时应该注意的事项。孔子告诫叶公子高，作为传递两国信息的大使，其最佳的处置方式就是不过分夸奖，不过分指责，实事求是地传达国君的意愿。如此，便能免祸。孔子道出了国与国之间交往的原则，"近则必相靡以信，远则必忠之以言。"

32. 顺物自然而无容私焉，而天下治矣。——《庄子·应帝王》

【原文】

游心于淡，合气于漠①，顺物自然而无容私焉，而天下治矣。

【注释】

① 游心于淡，合气于漠：淡、漠皆指清静无为的境界。

【译文】

心神要安于淡漠，形气要合于虚寂，顺着万物的自然本性而不掺杂私意，天下就可以大治了。

【评析】

执政者治国理政应顺应万事万物的本性和规律行事，不存私心，不以一己之私，做违背天道的事。好的执政者无为而治，不让百姓感受到自己的存在，不让民众对自己有所依附，不为自己的利益设立各种名目、强取豪夺，而是注意使百姓休养生息。这样，反而能够把天下治理好。

33. 天下皆知求其所不知，而莫知求其所已知者；皆知非其所不善，而莫知非其所已善者，是以大乱。——《庄子·胠箧》

【原文】

故天下皆知求其所不知，而莫知求其所已知者；皆知非其所不善，而莫知非其所已善者,是以大乱。

【译文】

所以天下人都只知道追求自己不知道的,却不知道探索已经知道的;都知道非难自己认为不好的,却不知道否定已经赞同的,因此天下大乱。

【评析】

人应当保持探求未知的勇气,同时注意对已知的事情时刻保持反思与批判。人应时时刻刻保持理性、中立的心,不应当戴有色眼镜来认识事物。善中可能实藏着恶,恶中亦有善存在。百姓不能只知道谴责暴君大盗的恶行,却对所谓圣君仁义的伪善视而不见。内心的清静无为,比烦琐空洞的说教,更有助于国家的安定。

34. 唇竭则齿寒。——《庄子·胠箧》

【原文】

故曰:唇竭则齿寒,鲁酒薄而邯郸围①,圣人生而大盗起。掊击圣人②,纵舍盗贼,而天下始治矣!夫川竭而谷虚,丘夷而渊实③。圣人已死,则大盗不起,天下平而无故矣。圣人不死,大盗不止。

【注释】

① 鲁酒薄而邯郸围:有两种说法。其一,楚国会诸侯,鲁国和赵国都给楚王献酒,鲁国的酒淡薄而赵国的酒浓郁。楚国主酒吏向赵国讨酒,赵不给,于是他用鲁酒调换了赵酒,楚王因赵酒淡薄而围攻其都城邯郸。其二,楚宣王会诸侯,鲁恭公后到,而且献的酒也淡薄。楚宣王不高兴,想侮辱他,鲁恭公据理反驳,不辞而别。楚宣王很生气,于是就出兵鲁国。以前,梁惠王一直想攻打赵国,但唯恐楚国援救而不敢出兵,现在适逢楚鲁相争,于是就趁机围攻邯郸。此事说明事物之间的因

107

② 捊（pǒu）击：打倒。

③ 夷：平。

【译文】

所以说：嘴唇没有了，牙齿便觉得寒冷，鲁国进献的酒味薄，便导致赵国的邯郸被围，圣人出现，大盗便兴起了。打倒圣人，放走盗贼，天下才能太平。川中流水干了，山谷就会空寂，山丘削了，深渊才可填平；圣人死了，大盗就不会兴起，天下便太平无事了。如果圣人不死，大盗便不会停止。

【评析】

"圣人不死，大盗不止。"庄子崇尚无为，认为治理天下的最佳方法就是无为。如果社会树立了圣人，与圣人所提标准不符者，皆可能成为大盗。不立圣、不讲虚伪道德，才是安定社会的最佳手段。此外，庄子认为，即使圣人立道，若被盗国、盗民的大盗所窃取，反而会给这些大盗带来更多利益。因此，庄子认为只有捊击圣人，天下才能得到治理。

35. 鱼不可脱于渊，国之利器不可以示人。——《庄子·胠箧》

【原文】

故曰："鱼不可脱于渊，国之利器不可以示人①。"彼圣人者，天下之利器也，非所以明天下也。

【注释】

① 国之利器：指圣人所制定的治理天下的法则。

【译文】

所以说:"鱼不能离开深渊,治理国家的法则不能向人公开显示。"那些圣人的主张,就是治理天下的法则,不可以明示于天下。

【评析】

正如鱼不能离开深渊一般,国之利器不能轻易示人。在庄子看来,圣人治理天下的法则就是彼时的利器,不可轻易显露,否则会扰乱天下。执政者应当守住对国家有利的武器和秘密,对国家安全有重大影响的东西绝不能轻易示人。

36. 治,乱之率也,北面之祸也,南面之贼也。——《庄子·天地》

【原文】

治,乱之率也①,北面之祸也,南面之贼也②。……子高曰:"昔,尧治天下,不赏,而民劝;不罚,而民畏。今子赏罚,而民且不仁。德自此衰,刑自此立;后世之乱,自此始矣!

【注释】

① 率:"䢦"省。《说文》:"䢦,先导也。"
② 北面之祸也,南面之贼也:北面,谓臣也;南面,谓君也。

【译文】

治理天下,必将是天下大乱的先导,这就是臣子的灾害,国君的祸根。……子高说:"当年帝尧统治天下,不须奖励而百姓自然勤勉,不须惩罚而人民自然敬畏。如今你施行赏罚的办法而百姓还是不仁不爱,德行从此衰败,刑罚从此建立,后世之乱也就从此开始了。"

【评析】

庄子主张无为，认为治国理政应顺应自然和事物本性。庄子反对迷信于人事及采取各种人为手段治理天下。在他看来，建立赏罚制度就是危害国家安全的开始。因为在上古时期，没有这些制度，老百姓依然敬畏乃至顺从自然之道，安分守己地从事农业劳作，日出而作、日落而息。而如今执政者却使用赏罚手段来让百姓害怕，来驱使百姓，这将严重破坏国家的稳定和安全。

37. 以事为常，以衣食为主，蕃息畜藏，老弱孤寡为意，皆有以养，民之理也。——《庄子·天下》

【原文】

以法为分①，以名为表②，以参为验③，以稽为决④，其数一二三四⑤是也，百官以此相齿⑥；以事为常⑦，以衣食为主，蕃息畜藏⑧，老弱孤寡为意，皆有以养，民之理⑨也。

【注释】

① 法：法度。分（fèn）：分守。

② 名：职称。表：标志。

③ 参：一作操，比较，检验。验：验证。参验：比较，考验，验证。

④ 稽：考查，考核。决：断定。

⑤ 数：等次。一二三四：指上文的法、名、参、稽。

⑥ 百官：指能者。齿：序列。

⑦ 事：指耕、织、工、商的职业。常：恒常，不变。

⑧ 蕃：繁殖。息：生息。畜：积蓄。藏：储藏。

⑨ 民之理：犹民之为道，即民之常情。

【译文】

以法度作为分守,以职称作为标志,以比较为验证,以稽考作断定,它们的等次分一二三四,百官以这些相为序列,百姓以耕、织、工、商的职业为常务,以衣食为主,繁殖生息,积蓄储藏,老弱孤寡放在心上,都有所养,这是治理人民的道理。

【评析】

治理好天下的关键在于遵循天道。现世所存在的各种治世方法都源于天道,是这大道的一部分,现在却被人为地割裂了。而天下之所以大乱,是因为每一个人内心所理解的治世之法不一,良善的标准不明,道德不能统一,且都固执己见,极容易走向极端。"是故内圣外王之道,暗而不明,郁而不发,天下之人,各为其所欲焉,以自为方。"

38. 失道而后德,失德而后仁,失仁而后义,失义而后礼。——《庄子·知北游》

【原文】

失道而后德,失德而后仁,失仁而后义,失义而后礼;礼者,道之华①,而乱之首也。

【注释】

① 华:装饰,引申为假象。

【译文】

丧失道而后才有德,丧失德而后才有仁,丧失仁而后才有义,丧失义而后才有礼。礼,是道的假象,祸乱的开始。

【评析】

庄子认为"礼"是"道"的假象,是祸乱的根本。在道家看来,整个社会从崇尚"道"到崇尚"礼"所彰显出的是,整个社会的治理水平与民众的素养不断下旋的过程。最开始时人们追求"道";"道"消失后,人们追求"德";"德"消失后,人们开始提倡"仁";随着"仁"的消失,人们又提出了"义";最后,大家开始崇尚"礼"。在庄子看来,治国理政的根本在于循道。"礼法"与"道"相比,终究只是形式,是道的"伪装"。

39. 以智为治者难以持国,唯同乎大和而持自然应者,为能有之。——《文子·精诚》

【原文】

天道无私就也,无私去也,能者有余,诎者不足,顺之者利,逆之者凶。是故以智为治者难以持国,唯同乎大和而持自然应者①,为能有之。

【注释】

① 大和:指阴阳二气对立统一,为道的代称。大,同"太"。

【译文】

天道不可私自接近,无亲疏之别,没有去就之私,无欲则有余,有欲则不足,只有无欲无为,顺合自然之理,方能去凶得利。因此,以智巧去治理国家是难以持久的,唯有同于太和而保持自然,清静无为,以不动致动,以不变致万变,以神化世,才能持久。

【评析】

文子力倡道家一贯的"清静无为"的治国主张。他认为,治理国家不可以智取巧。那样,国家是不会长久的。只有与自然保持一致,以不动应万动,才能使国家长久。

三、道　家

40. 忧民之忧者，民亦忧其忧，乐民之乐者，民亦乐其乐。——《文子·精诚》

【原文】

夫至人精诚内形①，德流四方②，见天下有利也，喜而不忘，天下有害也，怵若有丧③。夫忧民之忧者，民亦忧其忧，乐民之乐者，民亦乐其乐，故忧以天下，乐以天下，然而不王者，未之有也。

【注释】

① 精诚内形：精诚藏于内心。
② 流：传播。
③ 怵：恐惧。

【译文】

得道之人将精诚藏于内心，德行传播四方，看见天下的形势有利，则高兴而不忘；看见天下的形势有害，则恐惧而像死亡一样。那些以百姓之忧为己忧的人，百姓也会把他的忧愁作为自己之忧愁；以百姓之乐为己乐的人，百姓也会把他的欢乐作为自己之欢乐。所以圣人忧天下之忧，乐天下之乐，这样做了而不能统治天下称王者，还从来不曾有过呀。

【评析】

执政者应当忧天下之忧，乐天下之乐，始终把天下、把人民放在首要位置，一心为公，没有自己私心、私欲。这一思想被后世心怀天下的士大夫们所承继与发扬，阐发出了"先天下之忧而忧，后天下之乐而乐"的历史最强音。

41. 漠然无为而无不为也，无治而无不治也。——《文子·道原》

【原文】

故天下之事不可为也，因其自然而推之，万物之变不可救也①，秉其要而归之②。是以圣人内修其本③，而不外饰其末④，厉其精神⑤，偃其知见⑥，故漠然无为而无不为也⑦，无治而无不治也⑧。所谓无为者，不先物为也⑨；无治者，不易自然也⑩；无不治者，因物之相然也。

【注释】

① 救：《文子缵义》及《淮南子·原道》均作"究"，故此"救"当是"究"的误字。不可究：不可探究。

② 秉其要：执道之要。秉，执。

③ 圣人：体道之人。

④ 饰：修饰。

⑤ 厉：同"砺"，磨砺。

⑥ 偃：平息。知见：闻见，即耳目感知。

⑦ 漠然：寂静。无为而无不为也：意思是说只要体会到了道的本质，按规律去做事，表面上似乎不存在了个人主观意志，但在客观上什么目的都能达到。

⑧ 无治而无不治也：不改变自然，因应自然规律行事，不施加自己的主观意志，也会因势利导而达到天下大治。

⑨ 不先物为：不以个人主观意念凌驾于客观规律之上。

⑩ 不易自然：不改变自然，因自然而治理。

【译文】

所以天下之事不可违背其规律而单凭主观想象去做，而应该按自然的趋势顺逆去应对天下之事，万物的变化是不可以探究的，只有抓住了道的关键之处去顺从它。所以体道之人内修道的根本，而不在外去修饰道的末端，磨砺其精神，平息其感知，所以说只要体会到了道的本质，按规律去做事，表面上似乎不存在个人主观意志，但在客观上什么目的都能达到，不施加自己的主观意志，也会因势利导而达到天下大治。所谓的无为，就是不以个人主观意念凌驾于客观规律之上；所谓的无治，就是不改变自然而因自然而治；所谓的无不治，就是因循事物之间的相互联系因势利导而治理之。

【评析】

万事万物都有自己所要遵循的规律。这些是保证其生存的根本。而且，万物都处在不断变化之中。执政者治国理政应当无为，循道而治，不可将自己的主观意志强加在事物之上，也不可按照自己的主观猜想行事，而是要从根本上把握事物自身的发展变化规律和事物间的相互联系。这样，才能治理好国家。

42. 故求为宁者，失其所宁即危，求为治者，失其所治则乱。——《文子·符言》

【原文】

老子曰：无为名尸①，无为谋府②，无为事任，无为智主。藏于无形，行于无怠③，不为府先，不为祸始。始于无形，动于不得已，欲福先无祸，欲利先远害。故求为宁者，失其所宁即危，求为治者，失其所治即乱，故"不欲碌碌如玉，落落如石④。"其文好者皮必剥⑤，其角美者身必杀，甘泉必竭，直木必伐，华荣之言后为愆⑥，石有玉伤其山，黔首之患固在言。

【注释】

① 无为名尸：不要成为有名誉之尸。
② 无为谋府：不要成为谋略聚集之处。
③ 无怠：无穷。

④ 不欲碌碌如玉，落落如石：语出《老子》第三十九章。意思是说：不想做什么高贵的美玉，宁愿做下贱的坚石。用以阐述贵以贱为本，高以下为基，无为而治的道理。

⑤ 文好：纹饰美好漂亮。文，同"纹"。

⑥ 华荣之言：言辞华丽。

【译文】

老子说：不要成为有名誉之尸，不要成为谋略聚集之处，不要为事物所累，不要为巧诈所主导，虚淡无心，忘怀任物，忘心绝虑，大顺群生。藏于无形之中，行于无穷之中，无名无誉，无事无智，与道同体，不为福先而妄行，不为祸始而妄动。以道为本，感而后应，迫而后动，不得已而往，要想得福必须先无祸，要想得利必须无远害，只有如此，方会有福有利。无为而宁者，是无为，失其所宁，便是有为，有为就会失败，无为而治，是因物而治，失其所治，便是有为而治，有为而治就会发生动乱。故"不想做什么高贵的美玉，宁愿做下贱的坚石"。那些纹饰美丽的野兽，其皮必然会被剥下，那些犄角美丽的动物必然被杀掉，甜美的泉水必然会被喝干，直挺高大的树木必然会被伐倒，言辞华丽的背后必然有错误，山有含玉之石必然会被开凿，老百姓的祸患本来就在言语之前，言语不慎重，便将招致祸患。

【评析】

执政者应当无为而治。但无为而治并非不作为。执政者应遵循天道，根据事物的性质和客观规律进行治理，治万民于无形。若胡乱作为，可能会引发动乱。

43. 天下虽大，好用兵者亡，国虽安，好战者危。——《文子·符言》

【原文】

老子曰：得万人之兵，不如闻一言之当①；得隋侯之珠②，不如得事之所由③；得和氏之璧④，不如得事之所适⑤。天下虽大，好用兵者亡，国虽安，好战者危。故"小国寡民，使有什伯之器而勿用"⑥。

【注释】

① 当：正确适当。这是说一言正确适当，可使万人之兵不战而自动屈服。

② 隋侯之珠：传说中的宝珠，"隋珠"又称"随珠"。

③ 事之所由：指事情成功的途径。

④ 和氏之璧：传说春秋时楚人卞和在荆山下所得的含有玉质之石，后经玉工雕琢而成的璧玉。此隋侯之珠、和氏之璧，古人在立论中都用来泛指宝物。

⑤ 事之所适：指处理事情最适当的办法。

⑥ 小国寡民，使有什伯之器而勿用：语出《老子》第八十章。意思是说：小国寡民，虽然有足够的军队和武器也不要使用。用以说明圣人贵道不贵宝，尚德不尚功，虽有国之利器，也不肯使用。

【译文】

老子说：一言正确适当，可使万人之兵不战而自动屈服；得隋侯之珠，不如得到使事情成功的途径；得和氏之璧，不如得到处理事情最适当的办法。天下虽然广大，但喜好用兵者则灭亡；国家虽然安定，但喜好战争则危险。故"小国寡民，虽然有利器也不肯使用"。

【评析】

"贵道不贵宝，尚德不尚功。"不论大国还是小国，都不要轻易好战用兵。大国可能在军队和武力上具有优势，小国寡民可能有自己的利器，但都不应当随便使用武力，发动战争。唯有尚道、尚德，才能真正使国家安定与强大。

44. 修其德则下从令，修其仁则下不争，修其义则下平正，修其礼则下尊敬，四者既修，国家安宁。——《文子·道德》

【原文】

故修其德则下从令，修其仁则下不争，修其义则下平正，修其礼则下尊敬，四者既修，国家安宁。故物生者，道也，长者德也，爱者仁也，正者义也，敬者礼也。不畜不养，不能遂长①；不慈不爱，不能成遂②；不正不匡，不能久长；不敬不宠③，不能贵重。故德者民之所贵也，仁者民之所怀也，义者民之所畏也，礼者民之所敬也。此四者，文之顺也④，圣人之所以御万物也⑤。君子无德则下怨，无仁则下争，无义则下暴，无礼则下乱，四经不立⑥，谓之无道。无道不亡者，未之有也。

【注释】

① 遂长：顺利地成长。

② 成遂：成就，成功。

③ 宠：尊敬。

④ 文：这里指德仁义礼的节文规定。

⑤ 御：驾驭。

⑥ 四经：指德仁义礼四种原则。

【译文】

修养德，百姓就服从政令，修养仁，百姓就不会纷争，修养义，就会使百姓平正，修养礼，就会使百姓尊敬。四者都修养到了，国家便得安宁。所以事物的生在于道，长在于德，爱在于仁，正在于义，敬在于礼。不积累不养育它，就不能顺利地成长；不仁慈不爱护它，就不能成就；不匡正不规范它，就不能保持长久；不敬重不尊崇它，就不能认为贵重。所以德是百姓所尊贵的，仁是百姓所胸怀的，义是百姓所畏惧的，礼是百姓所敬崇的。这四者，是文的顺序，是圣人用来驾驭万物的根本。君子无德则百姓怨恨，无仁则百姓纷争，无义则百姓残暴，无礼则百姓叛乱,四种原则不立,便叫作无道。无道而又不败亡的,是从来没有过的。

【评析】

德、仁、义、礼都统属于道,是治国的四经,即治理国家的四项基本原则。要想使国家长治久安,就必须使德、仁、义、礼都得到很好的运用。如若不重视,则可能导致天下祸乱丛生,国家走向败亡。

45. 天下时有亡国破家,无道德之故也。——《文子·道德》

【原文】

老子曰:自天子以下至于庶人①,各自生活,然活有薄厚②,天下时有亡国破家,无道德之故也。有道德则夙夜不懈③,战战竞竞④,常恐危亡;无道德则纵欲怠惰,其亡无时⑤。使桀纣循道行德⑥,汤武虽贤⑦,无所建其功也。夫道德者,所以相生养也,所以相畜长也⑧,所以相亲爱也,所以相敬贵也。夫聋虫虽愚⑨,不害其所爱,诚使天下之民皆怀仁爱之心,祸灾何由生乎!夫无道而无祸害者,仁未绝,义未灭也,仁虽未绝,义虽未灭,诸侯以轻其上矣⑩,诸侯轻上,则朝廷不恭,纵令不顺,仁绝义灭,诸侯背叛,众人力政⑪,强者凌弱,大者侵小,民人以攻击为业,灾害生,祸乱作,其亡无日,何期无祸也⑫。

【注释】

① 庶人:百姓。

② 薄厚:短和长。

③ 夙夜不懈:早晚不放松自己。

④ 竞:同"兢"。战战兢兢,小心谨慎的样子。

⑤ 其亡无时:没有多少时间了。

⑥ 桀:夏代最后一王。名履癸。暴虐荒淫,为商汤所败,出奔南方

而死，夏朝灭亡。纣：一作受，亦帝辛，商代最后君主。曾征服东夷，获得大量俘虏。又杀死比干、梅伯等，囚禁周文王。周武王会合西南各族向商进攻，在牧野（今河南淇县西南）之战中，纣王因"前徒倒戈"，兵败自焚。夏桀和商纣，被认为是古代无道之君的代表。

⑦汤：又称武汤、武王、天乙、成汤，或称成唐，甲骨文称唐、大乙，又称高祖乙。商朝的建立者。原为商族领袖，与有莘氏通婚，任用伊尹执政，积蓄力量，准备灭夏。相继攻灭葛、韦、顾、昆吾等国，后一举灭夏建立商朝。武，即周武王，西周王朝的建立者，姓姬名发，继承其父王遗志，联合庸、蜀、羌、髳、微、卢、彭、濮等族，率军东攻，牧野之战取得大胜，遂灭商，建立西周王朝。古人称商汤和周武王为贤德之君的代表。

⑧畜：同"蓄"。

⑨蠢虫：指无知的禽兽。

⑩轻其上：轻视他们的君主。

⑪政：同"征"。力征，用武力相攻伐。

⑫何期无祸也：怎么能期望没有祸患呢。

【译文】

老子说："自天子以下至于庶民百姓，各自生活存命，但他们的寿命却有短有长，天下经常有家破国亡的现象，这都是因为没有道德的缘故。有道德就会每天早晚都不放松自己，战战兢兢，小心谨慎，经常恐惧危亡的到来。没有道德就放纵欲望懈怠惰懒，他的灭亡也就指日可待了。如果夏桀和商纣王能遵行道德，推行仁义，那么夏、商就不会亡国，即使商汤、周武王的德行再高尚，也没有他们建功立业的机会。道与德这两种东西，是用来相互生养的，是用来相互养育的，是用来相互亲爱的，是用来相互敬贵的。无知的禽兽虽然愚蠢，但仍知避害向利，不伤害其所爱之物，如果真能使天下的人民都胸怀仁爱之心，那么灾祸就无法发生了。至于无道而又没发生祸害的，是因为仁还未绝断，义还未泯灭；仁虽然还未绝断，义虽然还未泯灭，但诸侯却因此而轻视其君王了。诸侯轻视其君王,则朝廷就得不到恭敬,政令也不会顺利下达。等到仁绝断义泯灭,诸侯便背叛,众人相互攻伐,强大的欺凌弱小的,人民以攻击为业,灾害生成,祸乱发作,灭亡的日子便马上来临,怎么能期望没有祸患呢。"

【评析】

道德对于维护国家安全具有重要作用。如果天下人都注重修炼自己内在修养,胸怀仁爱之心,天下的祸乱就不会发生,仁义也能很好地延续下去。若是天下人不重视道德,仁义断绝,相互攻击,地方势力就会叛变,天下就会陷入混乱。

46. 不下则离散,弗养则背叛,示以贤则民争,加以力则民怨。——《文子·道德》

【原文】

不下则离散,弗养则背叛,示以贤则民争,加以力则民怨。离散则国势衰,民背叛则上无威,人争则轻为非,下怨其上则位危,四者诚修,正道几矣①。

【注释】

① 正:同"政"。几:接近。

【译文】

不以道下亲百姓,百姓就会离散而不亲附,不以德教化百姓,百姓就会背叛,炫耀才能则百姓争名于朝,施加威力则百姓就会产生怨恨。离散则国势衰落,百姓背叛则人君无威信,人人争名则轻薄为非,百姓怨恨人君则王位危殆,如果这四点能诚心修养,即以道去治理百姓,以德去教化百姓,不炫耀才能,不施加威力并行不悖,就接近于为政之道了。

【评析】

为政之要在于循道治理百姓。特别是，应以德去教化百姓，不炫耀才能，不施加威力。如果反其道而行之，会导致百姓的离散与背叛。长此以往，国家就会走向衰亡，朝不保夕。

47. 法烦刑峻即民生诈，上多事下多态，求多即得寡，禁多即胜少。——《文子·道德》

【原文】

法烦刑峻即民生诈①，上多事下多态②，求多即得寡，禁多即胜少③。以事生事，又以事止事，譬犹扬火而使无焚也；以智生患，又以智备之，譬犹挠水而欲求清也④。

【注释】

① 烦：繁多。峻：苛刻严酷。诈：欺骗。
② 态：容貌，这里指以佞媚为容态。
③ 禁多即胜少：禁区多多，效果却很小。
④ 挠水：搅动水。

【译文】

刑法繁多苛刻严酷，人民便多生欺诈之心，人君多事，臣下和百姓就多以佞媚为应对的手段，政令繁多，刑法严酷，禁区遍布，但其治理的效果，所取得的成绩却很小很小。做有为之事，则诸事丛生，以事止事，就像扬火而不使物体燃烧一样，是不可能的，只有做无为之事，以无事而止事，诸事才能不生；由于有了智巧，才生出祸患，但又用智巧去防备祸患，就像搅动水而要求得到水的清洁一样，也是根本不可能的。

【评析】

凡是有为而治，必定会使奸邪丛生、人心诡诈。无为而治，才能使祸乱之事不发生，才能以无事制止万事。道家强调对待万事万物"无为"胜"有为"，无为而治，如此，国家才不至混乱，才可以实现长治久安。

48. 亟战而数胜者，则国必亡。——《文子·道德》

【原文】

老子曰：夫亟战而数胜者①，则国必亡，亟战则民罢②，数胜则主骄，以骄主使罢民③，而国不亡者即寡矣。主骄则恣④，恣则极物⑤，民罢则怨，怨则极虑，上下俱极而不亡者，未之有也。故"功遂身退，天之道也⑥"。

【注释】

① 亟：屡次。
② 罢：同"疲"，疲劳。
③ 使：驱使，率领。
④ 恣：放纵，无拘束。
⑤ 极：穷尽。
⑥ 功遂身退，天之道也：语出《老子》第九章，原文无"也"字。意思是说：功业有成，便告退身，这才是合乎天道的。

【译文】

老子说：屡战而数胜，则国家必然灭亡，屡战则人民疲劳，数胜则君主骄傲，用骄傲的君主去率领疲劳的人民，而国家不灭亡的是少有和罕见的。君主骄傲便放纵自己，放纵自己便穷奢极欲，人民疲劳便产生怨恨，产生怨恨便愁虑丛生，物极必反，虑极则变，上下共极而不灭亡的，还从来没有过啊。所以功业有成，便告身退，这才是合乎天道的。

【评析】

国家不应当长期处于战争状态。如果国家长期处于战争中，即使屡战屡胜，也会造成国家财力的损耗及民生的疲敝，还会导致执政者骄横，放纵自己的欲望，劳役百姓。这样，百姓会有怨恨之气，国家容易走向衰亡。

49. 仁莫大于爱人，智莫大于知人，爱人即无怨刑，知人即无乱政。——《文子·微明》

【原文】

老子曰：相坐之法立①，则百姓怨；减爵之令张②，则功臣叛。故察于刀笔之迹者③，不知治乱之本；习于行陈之事者④，不知庙战之权⑤。圣人见福于重关之内⑥，虑患于冥冥之外⑦，愚者惑于小利而忘大害，故事有利于小而害于大，得于此而忘于彼。故仁莫大于爱人，智莫大于知人，爱人即无怨刑⑧，知人即无乱政。

【注释】

① 相坐之法：即连坐之法，指一人犯法，株连他人同时治罪。

② 减爵：削减群臣的爵禄。

③ 刀笔：古代的书写工具，用刀将字刻在竹简或木牍之上。刀笔之迹，指刻写出来的法令条文。

④ 陈：同"阵"。行陈：古代军队排列战阵。这里泛指用兵。

⑤ 庙战：朝廷所拟定的作战方案。权：权谋，谋划。

⑥ 重关之内：没有福祸的场所，断绝思虑的境界。

⑦ 冥冥之外：高深玄远之外。

⑧ 怨：俞樾认为"怨"当读为"冤"。今从俞说。

【译文】

老子说：连坐之法如果确立，百姓必会怨恨；削减群臣爵禄的政令一旦张示，功臣必然会背叛。所以醉心于法律条文的人，根本不知道治理乱世的方法；熟习于用兵作战的人，根本不知道庙战的谋划。治乱的根本，在于无为而治，并不是苛法严刑；决胜之术，在于朝廷的权谋，并非用兵作战。圣人见福于断绝思虑的境界之内，虑患于高深玄远之外，愚蠢的人被小利所迷惑而忘掉了大灾害。所以事情在小处有利大处有害，在这里得到在那里失去。圣人能洞见祸福之门，小人则见小利而忘大害，顾此失彼。所以，仁莫大于爱人，智莫大于知人，爱人就没有冤刑，知人就没有乱政。

【评析】

治乱之本在于"无为而治"。严刑峻法不是治理乱世的最佳方法。执政者要知人善用、任人唯能、使其任命之人德匹其位，即所谓"智者知人"；执政者要爱人，爱护百姓，使其安居乐业，即所谓"仁者爱人"。如此，才能政治清明、社会安定，各类社会问题得到妥善处理，国家才能得到有效的治理，实现长治久安。

50. 法度有常，下及无能，上道不倾，群臣一意。——《文子·自然》

【原文】

法度有常，下及无能①，上道不倾，群臣一意。天地之道，无为而备，无求而得，是以知其无为而有益也。

【注释】

① 无能：没有才能，这里指普通百姓而言。

【译文】

法度有常规，下泽及百姓，君道不倾覆，群臣一心一意，天地之道，就会无为而自备，无求而自得，因此，知道了无为而治的道理，则阴阳不差，万物有常，黎庶蒙惠，百事万物，各得其所适。

【评析】

执政者要"无为而治"。这并不是说要让执政者完全无所作为,而是说执政者行事要保持谦虚和谨慎,不要恣意妄为、特别是不要纵情坏法。法度有常规。法治下的官吏、百姓应当遵循常规、安然有序。一旦执政者、官吏或百姓肆意破坏法律,那么社会秩序将会被打破,国家将陷入混乱之中。

51. 三皇五帝法籍殊方,其得民心一也。——《文子·自然》

【原文】

夫禀道与物通者,无以相非,故三皇五帝法籍殊方①,其得民心一也。

【注释】

① 法籍:即法典,这里代指法律、法令。殊方:异域,他乡。

【译文】

体道和通达于万物的人,没有什么不一样的,所以三皇五帝法制异域,其得民心却无不同。

【评析】

"得民心者得天下。"贤明执政者订立的法律内容、形式虽然多变,但赢取民心始终是其核心主题。所谓"制法虽殊,敬民一也。"执政者应当以赢得民心的法律来治理国家,这是国家长治久安的前提和保障。

52. 圣人立法,以道民之心。——《文子·自然》

【原文】

夫教道者①,逆于德,害于物,故阴阳四时,金木水火土,同道而异理②，万物同情而异形。知者不相教③，能者不相受④，故圣人立法，以道民之心⑤，各使自然，故生者无德也，死者无怨也。

【注释】

① 教道：即教导。道，同"导"。
② 道：指一般规律。理：指特殊规律。
③ 不相教：不相互教导。
④ 不相受：不相互授受。
⑤ 道：同"导"，引导。

【译文】

凡是有教导之举的，便是违背于道德，伤害于事物，所以阴阳四时，金木水火土五行，同道而异理，万事万物同情而异形。有智慧的人不相互教导，有才能的人不相互授受，故圣人立法的目的，在于引导人民之心，各使其归顺自然，所以生者不称颂其德，死者也没有怨恨产生。

【评析】

"天地不仁，以万物为刍狗；圣人不仁，以百姓为刍狗。"赢得民心是圣人立法的目的。归顺自然是圣人立法的方法。圣人应以赢民心的法律调和社会矛盾，使民众的生活归顺自然，安然有序。如此，整个国家也会得到有效的治理。

53. 故勇者可令进斗，不可令持坚，重者可令固守，不可令陵敌，贪者可令攻取，不可令分财，廉者可令守分，不可令进取，信者可令持约，不可令应变，五者，圣人兼用而材使之。——《文子·自然》

【原文】

故勇者可令进斗，不可令持坚，重者可令固守，不可令陵敌①，贪者可令攻取，不可令分财，廉者可令守分②，不可令进取，信者可令持约，不可令应变，五者，圣人兼用而材使之③。

【注释】

① 陵：同"凌"，侵。

② 守分：坚守本分。

③ 材使之：因材而使用。

【译文】

所以勇敢者可命令前进而战，不可下令坚持不出；稳重者可以下令固守，不可以下令侵敌；贪利者可命令攻战，不可下令分财；廉洁者可以下令坚守本分，不可以下令进取；守信者可以下令持守盟约，不可以下令应变，此五者，圣人兼用并因材施行，故天下无敌。

【评析】

"勇者令战""重者固守""贪者攻取""廉者守分""信者持约"是圣人因材施政的重要表现。明君执政能够发挥各类人的长处，规避其短处，如此，国家便可以称霸天下了。

54. 乱国若胜，治国若虚，亡国若不足，存国若有余。——《文子·自然》

【原文】

乱国若胜①，治国若虚②，亡国若不足③，存国若有余④。虚者，非无人也，各守其职也；盛者，非多人也，皆徽于末也⑤；有余者，非多财也，欲节而事寡也；不足者，非无货也，民鲜而费多也⑥。

【注释】

① 乱国：混乱之国，胜：同"盛"。

② 治国：治理好的国家。
③ 亡国：危亡之国。
④ 存国：保全之国。
⑤ 缴：求。
⑥ 鲜：少。

【译文】

所以混乱之国表面上却像盛，治理好的国家表面上却像虚，危亡之国表面上却像不足，保全之国表面上却像有余。所谓的虚，并非无人，而是人人各守其职，世无闲人；所谓的盛，并不是人多，而是都去追求末了；所谓的有余，不是财货多，而是节制欲望减少事物；所谓的不足，并不是没有财货，而是人民少赋敛重。

【评析】

"圣人之牧民也，使各便其性，安其居，处其宜，为其所能。"作为执政者，应当顺势而治，不要将自己的喜好强加于民。如鱼离不开水，所以放鱼归水；又如鸟需要森林，所以放鸟归林。执政者治理百姓，应当因其势而居之，因其宜而安之。舍本逐末则"乱国"，各守其职则"治国"，人少税重则"亡国"，节欲少事则"存国"。

55. 为惠者即生奸，为暴者即生乱，奸乱之俗，亡国之风也。——《文子·自然》

【原文】

为惠者即生奸，为暴者即生乱，奸乱之俗，亡国之风也。故国有诛者而主无怒也；朝有赏者而君无与也①。诛者不怨君，罪之当也②；赏者不德上③，功之致也。

【注释】

① 无与：无关。

② 当：相当，所犯之罪与受到的处罚相当。

③ 德上：对君主感恩。

【译文】

所以重赏就产生奸猾，重罚就会产生混乱，奸滑混乱之俗，是亡国的风气啊。因此国有遭诛杀者不愤怒于君主，朝廷有奖赏者而与君主的个人感情无关，被杀的人不怨恨君主，因为所犯之罪与受到的处罚相当，被赏者不感谢君主，因为那是功劳所致。

【评析】

"赏罚有度"是治国的有效手段。但赏罚应当适度。"赏有度"则务功业，"罚有度"则无怨君。"重赏"会使民众奸猾，"重罚"会使秩序混乱。

56. 治国，太上养化，其次正法。——《文子·下德》

【原文】

治国，太上养化①，其次正法②。民交让争处卑，财利争受少，事力争就劳，日化上而迁善，不知其所以然，治之本也；利赏而劝善③，畏刑而不敢为非，法令正于上，百姓服于下，治之末也。上世养本，而下世事末。

【注释】

① 养化：即神化，用道德教化，使其归于自然。

② 正法：修正刑赏之法。

③ 劝：勉励。

三、道 家

【译文】

治国之道，最好的方法是以道德进行教化，使人民归返于自然。其次是修正刑罚奖赏之法。人民相互谦让而争处卑下，财货利益相互谦让力争少得，事情力役争着去劳作，逐渐为人君所感化而变好，不知其所以然而然，这是治国的根本。以奖赏利益的方法勉励向善，人民畏惧刑罚而不敢为非作歹，法令修正于人君，百姓服从于下，这是治国的末端。上世推举治国的根本，而下世则专事治国的末端。

【评析】

道家认为道德教化能使人民回归自然，是治国的根本做法。一味用刑罚奖赏是治国的下下之策。因为在这样的治理之下，人民内心是不顺从的。治国应当是让百姓从内心感受到顺服。

57. 为治之本，务在安民；安民之本，在于足用；足用之本，在于不夺时；不夺时之本，在于省事；省事之本，在于节用；节用之本，在于去骄；去骄之本，在于虚无。——《文子·下德》

【原文】

故为治之本，务在安民；安民之本，在于足用；足用之本，在于不夺时①；不夺时之本，在于省事；省事之本，在于节用；节用之本，在于去骄②；去骄之本，在于虚无③。故知生之情者④，不务生之所无以为；知命之情者，不忧命之所无奈何。

【注释】

① 时：农时。
② 骄：骄奢淫逸。
③ 虚无：虚静无为。

④ 生：同"性"。

【译文】

所以为治的根本，在于安定人民；安民之根本，在于满足财用；足用之根本，在于不夺农时；不夺时之根本，在于简省事物；省事之根本，在于节约财用；节用之根本，在于去除骄奢淫逸；去除骄奢淫逸之根本，在于虚静无为。所以知道本性的人，不追求性的有为；知道本命的人，不忧患命的无为。

【评析】

治世的根本在于安定民众。执政者要注意教导百姓不讳背农时，随四时而播种，从而使老百姓衣食有保障。同时，还要教导百姓回归自然，不骄奢淫逸。如此，国家才能安全和富足。

58. 善治国者，不变其故，不易其常。——《文子·下德》

【原文】

老子曰：善治国者，不变其故①，不易其常②。夫怒者逆德也③；兵者凶器也④，争者人之所乱也，阴谋逆德，好用凶器，治人之所乱，逆之至也。

【注释】

① 不变其故：不改变旧有的东西。
② 不易其常：不改变固有的规律。
③ 怒者：发怒而用兵之人。逆德：违背道德。
④ 凶器：凶恶不祥之器。

【译文】

老子说：善于治理国家的人，不改变旧有的东西，不改变固有的规律。发怒而用兵是违背道德的，兵这个东西是凶恶不祥之器，争斗是人民所以动乱的原因，兵谋违背道德，好用凶恶不祥之器，来治理人民的动乱，可以说是到了违背的顶点啊。

【评析】

治理国家不能随意改变前面行之有效的常用之道。道家学派历来反对战争，反对用兵。文子同样反对当政者的穷兵黩武。在文子看来，治理天下应当顺应自然固有之规律。用军队来镇压百姓只能获得一时的宁静。当人民忍受到了顶点，便一定会反抗。这样一来，国家必然走向灭亡。

59. 末世之法，高为量而罪不及也，重为任而罚不胜也，为其难而诛不敢也。——《文子·下德》

【原文】

末世之法，高为量而罪不及也①，重为任而罚不胜也，为其难而诛不敢也。民困于三责②，则饰智而诈上③，犯邪而行危。虽峻法严刑，不能禁其奸。兽穷即触④，鸟穷即啄⑤，人穷即诈，此之谓也。

【注释】

① 高为量而罪不及也：以高标准来要求，达不到标准的便治罪。

② 三责：三项要求，指高为量而罪不及，重为任而罚不胜，为其难而诛不敢。

③ 饰：装。

④ 兽穷：野兽到了没有出路的时候。触：以角触人。这里泛指反抗。

⑤ 啄：鸟类用嘴啄人。

【译文】

末世的法律，以高标准来要求，达不到标准的便治罪，以沉重来要求，力不能胜任的便会受到刑罚，因为艰难而不敢做的人便遭到诛杀，人民困窘于这三项要求,就巧饰才智而欺诈君主,触犯邪行而做危险之事,虽然有峻法严刑,也不能禁绝奸诈。野兽到了没有退路的时候便要反抗,鸟到了没有退路的时候就会用嘴啄人,人到了没有退路的时候就奸诈,说的就是这个意思啊。

【评析】

若用太高的标准来制定法律,会使百姓无所适从,进而威胁国家的安全。严刑峻法是末世之法。执政者如果采用末世之法来治国,将导致百姓毫无退路,人人变得奸诈,进而产生反抗之心,威胁国家的稳定和发展。

60. 治世之职易守也,其事易为也,其礼易行也,其责易偿也。——《文子·下德》

【原文】

老子曰:治世之职易守也①,其事易为也,其礼易行也,其责易偿也②。

【注释】

① 治世:治理得好的世道。职:分内应掌管之事,即职务。守:执掌。

② 责:同"债",债务。偿:偿还。

【译文】

老子说:治世的职务容易执掌,当时的各种事情都容易做,其礼仪也同样容易推行,债务也容易偿还啊。

【评析】

执政者只要遵从道的指引,不论是治世还是推行礼仪都易如反掌。

而行道的关键在于使社会万民各得其所，各尽其能，农无废功、士无遗行、工无苦事、商无折货、各安其性。文子反对以统一的圣人标准来衡量万民。他要求执政者认识和发现民众各自的优点，尊重人的多样性，量人之所能，用人之所长。如此，便可治理好国家，保持其长治久安。

61. 治大者，道不可以小；地广者，制不可以狭；位高者，事不可以烦；民众者，教不可以苛。——《文子·上仁》

【原文】

老子曰：治大者①，道不可以小；地广者，制不可以狭②；位高者，事不可以烦③；民众者，教不可以苛④。事烦难治，法苛难行，求多难赡⑤。

【注释】

① 大：大国。
② 制：制度。
③ 烦：多。
④ 教：政教，治国的措施。苛：苛刻。
⑤ 赡：满足。

【译文】

老子说：治理大国，不可以小道；国土大，制度不可以狭；处于高位者，政事不可以繁多；人民众多，政教不可以苛刻。政事繁多就难以治理好，法律苛刻就难以推行，所求太多就难以满足。

【评析】

越是治理庞大的国家，越需要执政者"清静无为"，以大道、以广制、不繁事、不苛民。执政者应因天之威，与天同气，不言而信，不施而仁，不怒而威。如此，法虽少，天下足以治矣。如果执政者要求太多、太高，民众无法达到，反而会生祸乱。

62. 无益于治，有益于乱者，圣人不为也；无益于用，有益于费者，智者不行也。——《文子·上仁》

【原文】

故无益于治，有益于乱者，圣人不为也；无益于用，有益于费者，智者不行也。故功不厌约①，事不厌省，求不厌寡；功约易成，事省易治，求寡易赡，任于众人则易。

【注释】

① 厌：厌恶，憎恶。约：简易。

【译文】

所以无益于治，而有益于乱的事，圣人不做；无益于利用，而有益于浪费的事，智者不做。因此功业不厌恶简易，政事不厌恶节省，追求不厌恶寡少，功业简易容易成功，政事节省容易治理，追求寡少容易满足，信任众人，大功就可告成。

【评析】

执政者不应好大喜功，应当提高效率，简政治国。一方面要节制自己的欲望，不滋扰民众；另一方面，将自身关注的重点放在有助于治理国家的事物上，善于合理利用资源，达成治理目标。

63. 有道以理之，法虽少，足以治；无道以理之，法虽众，足以乱。——《文子·上仁》

【原文】

故有道以理之①，法虽少，足以治；无道以理之，法虽众，足以乱。

三、道　家

【注释】

① 理：治理。

【译文】

所以有道以后再去治理天下，法令虽少，也足以治理得好；无道而去治理天下，法令虽多，也足以混乱。

【评析】

道是治国的根基。执政者要以大道治国。若循道，即使法令不多，国家仍可以得到有效治理；而法令纵然再多，若没有道和理支撑，国家也无法长治久安，反而会时时面临风险和挑战。对执政者来说，"功约易成，事省易治，求寡易赡，任于众人则易。"

64. 食者民之本也，民者国之基也。——《文子·上仁》

【原文】

老子曰：食者民之本也，民者国之基也。故人君者，上因天时①，下尽地理②，中用人力。

【注释】

① 天时：自然运行的时序。
② 地理：山川土地的环境形势。

【译文】

老子说：食物是人民的根本，人民是国家的基础，所以为人君者，上应天时之动，下尽地理之利，中间取用人力。

【评析】

民以食为天，君以民为天，这是亘古不变的治国大道。执政者应当顺应自然天时，遵循因时修备之道，把握好天时、地利、人和，为民造福，利民富国。

65. 国之所以存者，得道也；所以亡者，理塞也，故圣人见化以观其征。——《文子·上仁》

【原文】

老子曰：国之所以存者，得道也；所以亡者，理塞也①，故圣人见化以观其征②。德有昌衰③，风为先萌④。故得生道者⑤，虽小必大，有亡征者，虽成必败。国之亡也，大不足恃；道之行也，小不可轻⑥，故存在得道，不在于小；亡在失道，不在于大。故乱国之主，务于地广，而不专于仁义；务在高位，而不务于道德，是舍其所以存⑦，造其所以亡也⑧。若上乱三光之明⑨，下失万民之心，孰不能承⑩？故审其己者，不备诸人也⑪。

【注释】

① 理塞：道理阻塞。

② 化：变化。征：征兆，迹象。

③ 昌衰：昌盛和衰亡。

④ 风：风俗，社会风气。萌：萌芽。

⑤ 生道：存国之道。

⑥ 轻：轻视。

⑦ 舍：放弃。所以存：所以存国之道。

⑧ 造：成就。所以亡：所以亡国之道。

⑨ 三光：指日、月、星。

⑩ 孰不能承：谁还不能继承君王之位呢？

⑪ 备：责备。诸：之于。

【译文】

老子说：国家之所以存在，是因为得到了道，之所以灭亡，是因为道理阻塞啊，所以圣人可以从变化之中看出或存或亡的征兆。德有昌盛和衰亡，社会风气的好坏是其萌芽，所以掌握了存国之道的人，国家虽小但必能强大，有亡国征兆的，虽然一时立国但终究必败。国家将要灭亡，虽然是大国亦不足为恃，得道而行，虽是小国也不可轻视，所以国家不在于大小，得道就会存在，失道就会灭亡。所以乱国的君主，专心于土地的广大，而不专心于仁义，专心于高位，而不修养道德，这是舍弃其立国的根本，而在成就亡国之道啊。如果在天上惑乱日月星三光之明，在下面丧失了万民之心，那谁还不能继承君主之位呢？所以善于审察自身的人，不去责备别人，把责任推给他人。

【评析】

立国的根本在于道。国家因道而存在，因失道而毁灭。道是兴国之道。执政者要善于观察征兆，善用道、德来延续国家的兴盛，避免国家走向灭亡。

66. 治之本，仁义也；其末，法度也。——《文子·上义》

【原文】

老子曰：凡学者，能明于天人之分①，通于治乱之本，澄心清意以存之②，见其终始，反于虚无③，可谓达矣。治之本，仁义也，其末，法度也。人之所生者，本也，其所不生者④，末也，本末一体也。其两爱之，性也。先本后末，谓之君子，先末后本，谓之小人。法之生也，以辅义⑤，重法弃义，是贵其冠履而忘其首足也⑥。

【注释】

① 分：职分。天人之分，言天和人各有职分，即自然和人为。道家认为明天人之职分，就可称其为至人了，不为而成，不求而得，可称为天职。

② 澄心清意：使心意清静。

③ 反：同"返"。

④ 不生：不养生而养形。

⑤ 辅义：辅助义。

⑥ 冠履：帽子和鞋子。贵其冠履而忘其首足，指贵重帽子和鞋子，却不知道帽子是戴在头上，鞋子是穿在脚上的。重法弃义即有似于此，是本末倒置。

【译文】

老子说：大凡是学者，都能够清楚天和人的职分，通晓治和乱的根本，并能使自己心意清静，明见其始终，返归于虚无之境，可谓是通达之人了。为治的根本，是推行仁义，为治的末端，是施行法度。人之养生护神是根本，不养生而养形则是末端，根本和末端是一体的，亦即神与形归一。两者皆爱，使神清形和、形神相济，便回归到了自然之性。先本后末，先养神后养形，就叫作君子；先末后本，先养形后养神，就叫作小人。法度的产生，是为了辅佐义的推行，重视法而抛弃义，这是贵重帽子和鞋子，却不知道帽子是戴在头上，鞋子是穿在脚上的，重法弃义即有似于此，无异本末倒置。

【评析】

仁义与法度是治理国家的两种方法。仁义好比人之神，法度好比人之形。执政者不能完全依靠法度治理国家，应以仁义治理国家。法度只不过是实现仁义的方式与路径。治国最佳的方法是使神形合一，充分利用好仁义与法度，使其共同发挥作用。

67. 法度制令，各因其宜。——《文子·上义》

【原文】

老子曰：治国有常①，而利民为本；政教有道，而令行为古②。苟利于民③，不必法古；苟周于事，不必循俗。故圣人法与时变④，礼与俗变。衣服器械⑤，各便其用⑥；法度制令，各因其宜。

【注释】

① 常：规律，准则。

② 令行为古：尊，故所重者为右。俞樾说："古"字涉下文"不必法古"而误，《淮南子·汜论篇》则作"令行为上"。

③ 苟：如果。

④ 法与时变：制定的法律随时代的变化而变化。

⑤ 衣服器械：服饰器具。

⑥ 各便其用：各以方便使用为准则。

【译文】

老子说：治国有准则而以利民为根本，刑赏和教化如果以道为准则政令就会得到尊重，如果有利于民众，那就不必效法古人，如果有利于事情的圆满，那也不必顺从于常规。所以圣人制定法令随时代的变化而变化，礼仪也随着时代的变化而变化，服饰器具，各以方便使用为原则，法律制度命令，因地因时而不同。

【评析】

万事万物都应当随自然的变化而变化。执政者的治理策略不应过于死板和僵化，而应当因时而变、因地而变。判断政策得失的最重要标准应是政策是否有利于百姓。

68. 法制礼乐者，治之具也。——《文子·上义》

【原文】

法制礼乐者，治之具也，非所以为治也。

【译文】

法制和礼乐这类东西，是治国的工具，而不是治国的根本方法。

【评析】

上义者，治国家，理境内，行仁义，布德施惠，立正法，塞邪道。义足以怀天下之民，事业足以当天下之急，选举足以得贤士之心，谋虑足以决轻重之权，此上义之道也。执政者要明白，治有本末。法度与礼乐不过是治国的具体工具，是治之末，而道才是治国之本。

69. 天下几有常法哉！当于世事，得于人理，顺于天道，详于鬼神，即可以正治矣。——《文子·上义》

【原文】

老子曰：天下几有常法哉①！当于世事②，得于人理，顺于天道③，详于鬼神④，即可以正治矣⑤。

【注释】

① 几：同"岂"，难道。常法：永恒的法，固定不变的法。
② 当：适应，相当。
③ 天道：自然之道。
④ 详：同"祥"，祥和。
⑤ 正治：正确的治理方法。

【译文】

老子说：天下难道有永恒不变的法律吗！只要适合于世事，符合于人伦，顺从于天道，祥和于鬼神，就可以算是正确的治理方法了。

【评析】

法度不是亘古不变的。法度要顺从天道，尊重人伦。执政者不能一味拘泥于礼法。"不用之法，圣人不行；不验之言，明主不听也。"执政者要懂得随机应变，以治理好国家为最终目标。

70. 义者，非能尽利于天下之民也，利一人而天下从之；暴者，非能尽害于海内也，害一人而天下叛之。——《文子·上义》

【原文】

下必行之令，顺之者利，逆之者害，天下莫不听从者。顺也，发号令行禁止者，以众为势也。义者，非能尽利于天下之民也，利一人而天下从之；暴者，非能尽害于海内也①，害一人而天下叛之，故举措废置②，不可不审也③。

【注释】

① 海内：古人认为我国疆土四周环海，故称国境以内为海内。犹言天下。
② 废置：废除和建立。
③ 审：慎重。

【译文】

百姓必须执行的命令，顺从者就使获利，违背者就惩罚，天下之人就没有不听从的了。必须顺从执行的法令，发布以后必须令行禁止，以当众显示君主的威力。君主行义，虽然不能使天下的人民都获利，但是使一人获利而天下的人民就都归顺了；使用暴力，虽然不能使天下所有的人都受害，但仅伤害一人而天下的人民就都背叛他了，所以君主的举措以及废除和建立，不可不慎重对待啊。

【评析】

政策的制定和颁行涉及百姓的根本利益，和百姓福祉密切相关。若希望治国理政得到好的结果,执政者就应当慎重地对待政策的制定和颁行,应以行义之方式制定政策,使百姓获利,使民心归顺。虽然没有十全十美的政策,但政策应当以维护百姓的利益为宗旨。出台政策之前应当慎重考虑百姓究竟会因这些政策获利还是受到伤害。

71. 举事以为人者,众助之;以自为者,众去之。——《文子·上义》

【原文】

举事以为人者①,众助之;以自为者,众去之。众之所助,虽弱必强;众之所去,虽大必亡。

【注释】

① 举事以为人者:指用兵讨强暴平乱世,为天下百姓除害之人。

【译文】

用兵征讨强暴平定乱世,为天下除害的人,民众会帮助他,用兵为了满足自己贪求的人,民众就会离他而去,有了民众的帮助,虽然弱小但必能强大,民众离其而去,虽然强大但最终必然灭亡。

【评析】

军队是一个国家维持内部稳定和外部安全的重要保障。执政者不能将军队作为满足自己的贪欲而任意使用的工具。执政者掌控军队是为了人民。军队的成员和战斗力来源于民众。有了民众的帮助,即使军队暂时弱小,也能逐渐壮大起来。反之,若因贪欲而背弃民众,即使军队再强大,也会逐渐走向衰落,执政者也终将自食恶果。

三、 道 家

72. 兵之胜败皆在于政，政胜其民，下附其上，即兵强；民胜其政，下叛其上，即兵弱。——《文子·上义》

【原文】

兵之胜败皆在于政①，政胜其民②，下附其上，即兵强；民胜其政③，下叛其上，即兵弱。仁义足以怀天下之民，事业足以当天下之急，选举足以得贤士之心，谋虑足以决轻重之权，此上义之道也。

【注释】

① 政：政治。
② 政胜其民：政事适合人民。指政治清明。
③ 民胜其政：政事不适合人民。指政治昏暗。

【译文】

兵之胜败全在于政治的得失，政治清明，百姓就亲附人君，兵力就强大；政治昏暗，百姓就背叛人君，兵力就弱小。仁义足以怀柔天下的人民，事业足以应付天下的急迫，选举足以赢得贤士之心，谋虑足以决定轻重的权变，这就是上义之道啊。

【评析】

政治和国家安全息息相关。军队的胜败取决于政治的得失。要维护国家的安全，必须要做到政治清明。用仁义之道和谋略来辅助政治，老百姓会因生活福祉而依附"怀天下之民"的执政者。得民心者得天下。民心归顺，则兵力强壮，国家安全就有保障。

73. 国之所以强者必死也，所以死者必义也，义之所以行者威也。——《文子·上义》

【原文】

老子曰：国之所以强者必死也①，所以死者必义也②，义之所以行者威也③。是故令之以文④，齐之以武⑤，是谓必取⑥，威义并行，是谓必强。白刃交接，矢石若雨⑦，而士争先者，赏信而罚明也。上视下如子，下事上如父；上视下如弟，下事上如兄。上视下如子，必正四海⑧；下事上如父，必正天下。上视下如弟，即必难为之死⑨；下事上如兄，即必难为之亡，故父子兄弟之寇⑩，不可与之斗。是故，义君内修其政⑪，以积其德，外塞于邪，以明其势，察其劳佚⑫，以知饥饱，战期有日⑬，视死若归⑭，恩之加也。

【注释】

① 必死：指人民为国而视死如归。

② 所以死者必义也：人民之所以为国而视死如归，是为了舍生而取义。

③ 威：畏惧。义之所以行者威也，义所以能为人民所奉行，是因为人民畏惧它。

④ 令之以文：用文字规定它。

⑤ 齐之以武：用武备整齐它。

⑥ 是谓必取：是说一定能取得民心。

⑦ 矢石：箭和石块。

⑧ 四海：天下。

⑨ 必难为之死：犹言必为之死难，必为之死于国难。

⑩ 寇：敌。

⑪ 义君：上义之君。

⑫ 佚：同"逸"。

⑬ 战期有日：战争时间不长。

⑭ 视死若归：把赴死看作同回家一样。比喻不怕死亡。

【译文】

老子说：国家所以强大是因为人民都能视死如归，人民之所以为国视死如归是为了舍生而取义，义所以能为人民所奉行，是因为人民畏惧它,因此用文字规定它,用武备整齐它,因此叫做必得民心,得民心而民必为其赴死,畏惧和大义并行,因此叫做必能强大。白刃交战,箭矢和石块如雨,而战士仍能奋勇争先杀敌,是因为奖赏有信处罚明确。君主视百姓如子,百姓事君主如父,君主视百姓如弟,百姓事君主如兄。君主视百姓如子,必能称王于天下;百姓事君主如父,天下必能匡正;君主视百姓如弟,就必能为百姓之难而死;百姓事君主如兄,就必能为国难而亡,所以父子兄弟之敌,不可与之争斗。因此上义之君内修其政,以积累其德行,外堵塞于邪佞,以明察其形势,详审其劳逸程度,以了解其饥饱情况,战争的时间不长,战士都能视死如归,是因为恩情深厚啊。

【评析】

民本思想的核心是"圣人无常心,以百姓之心为心""贵以身为天下,若可寄天下;爱以身为天下,若可托天下。"执政者必须"视下如子""视下如弟",将百姓视为家人,以赢取民心。这样一来,不论是对内改革还是对外战争,都能得到百姓的支持,并最终取得胜利。

74. 圣人制礼乐者,而不制于礼乐,制物者,不制于物,制法者,不制于法。——《文子·上礼》

【原文】

故先王之制,不宜即废之,末世之事①,善即著之②。故圣人之制礼乐者③,而不制于礼乐④,制物者,不制于物,制法者,不制于法,故曰:"道可道,非常道也。"⑤

【注释】

① 不宜:不适宜的东西。末世:近于衰亡的时期,指朝代末期。
② 著:昭著。
③ 制礼乐:制定礼乐。

④ 而不制于礼乐：而不为礼乐所制约。

⑤ 道可道，非常道也：语出《老子》第一章。意思是说：道可以说得出来的，就不是永恒存在的道。

【译文】

所以先王的制度，不适宜的东西就废除它，末世的事情，好的就表彰它。所以圣人制定礼乐，而不为礼乐所制约，制定事物的，不为事物所制约，制定法律的，不为法律所制约，所以说："道可以说得出来的，就不是永恒存在的道。"

【评析】

事物是不断变化的。社会物质条件也伴随社会发展而不断变化。因此，政治、法律、礼乐也应当跟随社会的变化而变化。若其不适宜，就应当对其加以扬弃，不要使其成为限制社会发展的因素。如果以不切实际的制度治国理政，政局就会陷入混乱。

75. 为政以苛为察，以切为明，以刻下为忠，以计多为功。——《文子·上礼》

【原文】

为政以苛为察①，以切为明②，以刻下为忠③，以计多为功④。如此者，譬犹广革者也⑤，大败大裂之道也，"其政闷闷，其民淳淳；其政察察，其民缺缺。⑥"

【注释】

① 以苛为察：以苛刻烦琐的方法显示明察。

② 以切为明：以严厉为高明。切，迫切，严厉。

③ 以刻下为忠：以对下严酷为忠君。刻，严酷。

④ 以计多为功：以考核事多为功绩。计，考核，计算。

⑤ 广革：把皮革强力拉大、扩大。

⑥ 其政闷闷，其民淳淳；其政察察，其民缺缺：语出《老子》第五十八章，意思是说：哪里的治国之政不那么清晰，哪里的人民就朴朴实实；哪里的治国之政严苛明察，哪里的人民就奸诈狡猾。

【译文】

所以为政以苛刻烦琐的方法显示明察，以严厉为高明，以对下严酷为忠君，以考核事多为功绩，如此，就好像是把皮草强力拉大、扩大，则皮革必然破裂，所以这是大败大裂之道啊，"哪里的治国之政不那么清晰，哪里的人民就朴朴实实；哪里的治国之政严苛明察，哪里的人民就奸诈狡猾。"

【评析】

执政者运用苛刻繁杂的方法来对待百姓、治理国家，必然会导致百姓怨声载道。百姓有怨，反抗声就强，国家就会不安定。而若法度过于严苛，老百姓就会钻空子，来规避对自己不利的后果，从而导致人人趋于投机取巧，不安于本分，导致社会风气污浊，局势混乱。

76. 先为不可胜之政，而后求胜于敌。——《文子·上礼》

【原文】

老子曰："以正治国，以奇用兵①。"先为不可胜之政②，而后求胜于敌，以未治而攻人之乱③，是犹以火应火，以水应水也。同莫足以相治④，故以异为奇⑤。奇静为躁⑥，奇治为乱，奇饱为饥，奇逸为劳，奇正之相应⑦，若水火金木之相伐也⑧，何往而不胜。故德均则众者胜寡⑨，力敌则智者制愚⑩，智同则有数者禽无数⑪。

【注释】

① 以正治国，以奇用兵：语出《老子》第五十七章，意思是说：

用正道治理国家，以奇诡的方法用兵。

②不可胜之政：不可战胜的政治。比喻政事治理得好。

③未治：自己的政事没有治理好。

④同：相同，同一。

⑤异：不一样，奇诡。

⑥奇静为躁：静与躁相异而为奇。以下三句亦作如是解。

⑦相应：相对应。

⑧相伐：相胜，相克。若水火金木之相伐也，如水之攻火，金之克木，必胜无疑。

⑨德均：德同。

⑩力敌：力量相匹配，势均力敌。

⑪数：同"术"。有术，有方法，有手段。禽：同"擒"。

【译文】

老子说："用正道治理国家，以奇诡的方法用兵。"先为不可战胜的政治，把自己的政事处理好，而后才能取胜于敌人，自己的政事尚没有治理好就去进攻敌人的乱政，这就不是以奇诡用兵，倒像是以火应火，以水应水啊，火不可胜火，水亦不能胜水。相同的东西不足以相治，所以要以异为奇。静与躁，治与乱，饱与饥，逸与劳，皆相异而为奇，静为躁奇，治为乱奇，饱为饥奇，逸为劳奇；以静制躁，以治攻乱，以饱治饥，以逸待劳，都是以奇亦即奇诡用兵，奇正之相互对应，就像水之攻火，金之克木一样，无往而不胜。所以道德均同时众必胜寡，势均力敌时智必胜愚，才智均同时有术者必擒无术者。

【评析】

国家欲战胜外敌，自身需强大。执政者首先应当管理好内政，做好自己的本职工作，实现内政修明。这样，才能有多余的时间和精力去战胜敌人。如果内政危机重重，国家政权本身就受到威胁，那又谈何外政呢？

四、法　家

1. 国多财，则远者来；地辟举，则民留处；仓廪实，则知礼节；衣食足，则知荣辱。上服度，则六亲固；四维张，则君令行。——《管子·牧民》

【原文】

凡有地牧民者①，务在四时②，守在仓廪③。国多财，则远者④来；地辟举⑤，则民留⑥处；仓廪实，则知礼节；衣食足，则知荣辱。上服度⑦，则六亲⑧固；四维⑨张，则君令行。故省刑⑩之要，在禁文巧⑪；守国之度，在饰⑫四维；顺⑬民之经，在明鬼神、祗山川⑭、敬宗庙、恭祖旧。

【注释】

① 牧民：古代将治理国家百姓称为牧民。牧，放牧。引申为统治、治理。

② 四时：春、夏、秋、冬四季。古代政治特别强调治理民众遵循天时，什么季节该做什么都有一定的规矩。

③ 仓廪（lǐn）：仓库。古代仓库储谷物的叫仓，储米的叫廪，此处并无分别。

④ 远者：远方的民众。能吸引远方的民众来投奔自己，在古代被视为国家政治良好的表现。

⑤ 辟举：全面地开发耕种。辟，开辟。举，尽，皆。

⑥留：久，即长期停留安居的意思。

⑦上：指上位者。服度：意思是在上位的人穿戴及所用的器物等不违背规矩。服，服制、器物等。度，合乎法度。

⑧六亲：父、母、兄、弟、妻、子。若一国之君在享用服御方面皆合制度，则六亲之间自可免除嫉妒，相安无事，减少摩擦，从而关系密切巩固，自有利于国家安定。

⑨四维，指礼、义、廉、耻，是四种维护国家存在的重要纲领。维：本义是绳索，后多表达纲领、纲纪之义。

⑩省刑：减少刑法。即减少国家犯罪现象。

⑪禁文巧：即禁止奢侈。奢侈品泛指华丽的服饰、精巧的玩物以及过分奇巧而无益于实用的制品、物件等，犹今之所言"搞花样"。文：指过分的纹饰。

⑫饬：通"饬"（chì）。整治之意。

⑬顺：通"训"。教化民众之意。

⑭明鬼神：谓曲制祭祀之礼，以显明鬼神之德。古代帝王大都重视神道设教，以此来统一民众的意志。祗（zhī）山川：敬奉山川神灵。祗：敬。山川：指山川神灵。

【译文】

凡是拥有土地与治理民众的人，最重要的事情在遵从四时保证生产，最关键的职责在使国库充实。国家财富积累得多，远方的人就前来投奔；土地充分开辟，百姓就长居而不会离去；仓库充实，民众就懂得礼节；衣食充足，民众就珍惜荣誉，远离耻辱；在上位者衣着、器物等有法度，百姓的家庭就六亲和睦而稳固；高扬礼义廉耻，君主政令就能推行。因此减少刑罚的关键，在于禁止奢侈、减少挥霍；巩固国家的要旨，在于整顿四维、修正礼仪；训导民众的根本原则，在于明示鬼神之礼以表尊重，循序祭祀山川以示敬奉，长拜宗庙祖先以表恭敬，侍奉宗亲故旧以示孝顺。

四、法家

【评析】

生产粮食以充实国库是农民最重要的职责。土地广阔、国库充实则人口多且知礼节、知荣辱。"礼义廉耻"是调动民众的重要手段。高扬"礼义廉耻",则社会和睦、国家强盛。管子提出的这一治国手段,是建立在国家富足的基础上。如果国家动荡不安,民众衣食不足,那么仅靠"礼义廉耻"便难以调动民众了。

2. 国有四维,一维绝则倾,二维绝则危,三维绝则覆,四维绝则灭。——《管子·牧民》

【原文】

国有四维①,一维绝则倾②,二维绝则危,三维绝则覆,四维绝则灭。倾可正也,危可安也,覆可起也,灭不可复错③也。何谓四维?一曰礼,二曰义,三曰廉,四曰耻。礼不逾节④,义不自进⑤,廉不蔽恶⑥,耻不从枉⑦。故不逾节,则上位安;不自进,则民无巧诈;不蔽恶,则行自全⑧;不从枉,则邪事不生。

【注释】

① 四维:礼、义、廉、耻四者。维,本指系物或结网的绳索。引申为维系事物稳固的条件。

② 倾:倾斜,失去平衡。

③ 复错:再行改为。错,通"措",措施。一说"错"为衍字。句意为,灭亡了就不能再挽回了。

④ 节:节度,法度。

⑤ 自进:只顾自己妄自求进。即自行钻营。

⑥ 蔽恶:隐蔽自己的恶行,不能算是贞廉。

⑦ 枉:弯曲,不正,引申为不合正道或违法曲断的行为。

⑧ 全:一说"全"疑当作"正"。

【译文】

维系国家的存在，有四大纲领。失去一条，国家倾斜；失去两条，国家危险；失去三条，国家颠覆；四条全无，必然灭亡。倾斜尚可纠正，危险尚可安定，颠覆尚可恢复，到了灭亡的地步，就不能挽回了。什么叫四维？第一是礼，第二是义，第三是廉，第四是耻。人有礼，就不会超越节度；有义，就不会妄自求进；有廉，就不隐瞒过恶；有耻，就不与邪恶同流合污。所以，只要百姓安分守己，君主地位就太平无事；不妄自求进，就不会滋生浮巧奸诈；不隐瞒罪恶，行为必然完美保全；不同流合污，就不会有邪恶的事发生。

【评析】

"礼义廉耻"是国之四维。人无"礼"，则无度；人无"义"，则妄进；人无"廉"，则瞒过；人无"耻"，则奸邪。管子从人的品性入手，论述民众品性与国家安全的关系，主张民众应当遵守"礼义廉耻"以消除内心的贪欲。管子认为，将国家安全的威胁完全归咎于民众的过错，是不当的。国家安全的威胁来自君主、官吏、民众、士兵的能力与品性等多个方面。"礼义廉耻"仅是约束、管理民众的手段。为保障国家安全，对君主、官吏、士兵等主体的行为也应当进行恰当的规范。

3. 授有德，则国安。——《管子·牧民》

【原文】

故授有德，则国安；务五谷，则食足；养桑麻、育六畜，则民富；令顺民心，则威令行；使民各为其所长，则用备；严刑罚，则民远邪；信庆赏，则民轻难；量民力，则事无不成；不强民以其所恶，则诈伪不生；不偷取一世①，则民无怨心；不欺其民，则下亲其上。

【注释】

① 一世：一代，此处意为短期行为。

【译文】

把政权交给有德才的人，国家就安定；大力生产五谷，食物就充足；广种桑麻、饲养六畜，百姓就富裕；政令顺应民心，君主威信建立起来，命令就能得到执行；让人民各尽所长，各种用度就齐备；刑罚严明，百姓就不生邪念；奖赏诚信，百姓就不怕为国死难；考虑百姓的承受力，就事无不成；不强迫百姓做他们不乐意的事，欺诈虚伪的行为就不会产生；不贪图一时侥幸，百姓就没有怨恨；不欺诈百姓，百姓就会亲近君上。

【评析】

"任用贤人"，亲贤臣，远小人，则政权稳定；"重视农桑"，则百姓生活富足；"令顺民心"，则法令得有效执行；"各尽所长"，则物产丰盈；"赏罚严明"，则奸邪不生、民不畏死；"用民之便"，则奸邪不生；"待民以诚"，则百姓亲上。

4. 持满者与天，安危者与人。——《管子·形势》

【原文】

道之所设①，身之化也②。持满者与天③，安危者与人④。失天之度，虽满必涸；上下不和，虽安必危。欲王天下⑤，而失天之道，天下不可得而王也。得天之道，其事若自然；失天之道，虽立不安。其道既得⑥，莫知其为之；其功既成，莫知其释⑦之。藏之无形，天之道也。疑今者察之古⑧；不知来者视之往。万事之生⑨也，异趣而同归⑩，古今一也。

【注释】

① 设：存在。

② 身之化：身心与道为一的意思。疑当作"身与之化也"。化，融合，一致。此谓自身与道完全融合。

③ 持满：保持盈满状态。与天：法天。与，顺从。

④ 与人：得人心。

⑤ 王天下：君临天下，统一天下。

⑥ 其道既得：已得道的意思。

⑦ 释：指舍弃，离开。一说又作"舍"，即"置"。放置、措置之意。

⑧ 察之古：考察古代。

⑨ 生：通"性"。本性。

⑩ 趣：同"趋"。趋向，方向，旨趣。指发生、发展的形式和过程。归：归宿，结局。

【译文】

道既存在，自身就应该与之同化。想保持圆满，就取法上天；要使危亡者安定，就亲近众人。违背天的法度，即使很满也会枯竭；上下不和，即使暂时安定最终也会危亡。想要称王于天下，却违背天的大道，天下就是不可获得的。遵从了天道，做事情仿佛是天然而成；违背天道，即使有所确立，也不能持久。已经符合天道而成就其事的，往往是不知不觉而水到渠成；已经成功了，又不居其功，往往又能自然而然地轻易放下。大而化之，运于无形，这就是天道。对于当今之世有疑虑的人，可以考察古人的经验；对于未来不甚了解的人，可以查阅往事记录。万事万物的本性，内容虽各有不同，但总是同归一理，从古到今都是一样的。

【评析】

"取法于天""不违天时""亲近民众""上下和睦"是"天道"的重要表现。治国理政遵循"天道"，则可"王天下"。若违背"天道"，则国家注定灭亡。

5. 野不辟，民无取，外不可以应敌，内不可以固守。——《管子·权修》

【原文】

万乘之国①，兵不可以无主②；土地博大，野不可以无吏③；百姓殷众，官不可以无长④；操民之命，朝不可以无政⑤。地博而国贫者，野不辟也⑥；民众而兵弱者，民无取也⑦。故末产不禁⑧，则野不辟；赏罚不信，则民无取。野不辟，民无取，外不可以应敌，内不可以固守。故曰：有万乘之号，而无千乘之用，而求权之无轻，不可得也。

【注释】

① 万乘（shèng）：犹"万辆"。指兵车。战国时大国称"万乘"，以其地可以出兵车万辆。乘，古时四马拉的战车为一乘。

② 兵不可以无主：军队不可以没有统帅。主，主帅。

③ 野不可以无吏：田野不可以没有治理地方的官吏。

④ 官不可以无长：官吏不可以没有统领的长官。

⑤ 朝：朝廷。指国家。政：政令，指政策法令。

⑥ 野不辟：土地得不到开垦。野，原野，田野，指城郊以外的广大农业地区。

⑦ 民无取：民众没有动力。取，读为"趣"，督促。

⑧ 末产：指工商业，古代以农业为根本，所以称工商业为末产。但《管子》中对工商业的禁止，远不像其他法家那样严厉，只是强调把农业放在首位而已。

【译文】

拥有万辆兵车的大国，军队不能没有统帅；领土广阔，田野不可以没有官吏；人口众多，官府不可以没有上级长官；掌握着百姓的命运，朝廷不能没有政令。地域广大而国家却很贫穷，是因为土地没有得到充分开辟；百姓众多而兵力却很薄弱，是因为民众没有得到战争的激励。

所以，不禁止经营奢侈品的工商业，土地就得不到广泛而充分的开辟；赏罚不严明诚信，民众就不知道怎么做。土地没有开垦，民众缺乏准则，对外就不能抵御敌人，对内就不能固守国土。所以说：空有万辆兵车大国的虚名，却没有千辆兵车的实力，还想君主权力不被看轻或削弱，那是办不到的。

【评析】

农业是国家的根基。诚信是执政之本。重农以垦荒则国富，诚信立赏罚则民有序。国家田产富足、民众生活有序，对内能固守政权，对外能有力御敌。如此，国家安全便能得到保障。

6. 欲为其国者，必重用其民，欲为其民者，必重尽其民力。——《管子·权修》

【原文】

欲为天下①者，必重用其国②；欲为其国者，必重用其民；欲为其民者，必重③尽其民力。无以畜④之，则往⑤而不可止也；无以牧⑥之，则处而不可使也⑦。远人至而不去，则有以畜之也；民众而可一⑧，则有以牧之也。

【注释】

① 为天下：争夺天下的意思。

② 重用其国：爱惜地使用本国力量。重，慎重。

③ 重：珍惜。

④ 畜（xù）：容留，留住。一说饲养、养活。

⑤ 往：离开，散去。

⑥ 牧：统治。

⑦ 处：留居，居住。

⑧ 一：统一意志。

四、法 家

【译文】

想要夺取天下,就必须珍惜国力;想要治好国家,就必须慎重用民;想要治好国民,就必须爱惜他们的财力和劳力。国君没有办法养活自己的民众,人们就要外逃而无法阻止;没有办法管理好民众,即使他们留下来也不能很好地为国效力。远方的人们来投奔而不走,是因为能有效地养育他们;人口众多又齐心协力就能够统一号令,那是因为有效地管理了民众。

【评析】

民为水,君为舟。要实现对国家的有效治理,首当其冲的是执政者应当慎重对待民众,尤其是要爱惜民众的劳力、财力。执政者制定的政策应当符合民众的利益。民众多,国家则有稳定的人力来源。民众富裕则国家强盛富足,国家强盛则霸业可期。

7. 取于民有度,用之有止,国虽小必安;取于民无度,用之不止,国虽大必危。——《管子·权修》

【原文】

地之生财有时①,民之用力有倦,而人君之欲无穷。以有时与有倦,养无穷之君,而度量不生于其间②,则上下相疾也③。是以臣有杀其君,子有杀其父者矣。故取于民有度,用之有止④,国虽小必安;取于民无度,用之不止,国虽大必危。

【注释】

① 时:天时,季节。

② 度量:原指计量长短、多少的标准。此处指规矩、限度。

③ 相疾:互相仇视、怨恨。

④ 止:止境。一作"正"。

【译文】

土地生产财富受时令的限制,百姓付出劳力有疲倦的时候,然而人君的欲望却是无穷无尽的。以有时节限制的土地和气力有限的百姓来供养欲望无穷无尽的君主,这中间若没有一个合理的节制和限度,那么上下之间就会彼此怨恨。于是出现了臣弑其君、子杀其父的现象。因此说,取财于民而有节制,使用民力有所克制,国家即使很小也能安定;相反,向人民征敛无度,耗费又毫无节制,那么国家即使强大,也必然灭亡。

【评析】

能否赢得"民心"直接决定着国家安全与否。国家土地广阔,人口众多,但君失"民心"则国危。执政者可以"取用于民",但应当"取用有度",否则将失去"民心"。

8. 民不怀其产,国之危也。——《管子·立政》

【原文】

卿相不得众①,国之危也。大臣不和同②,国之危也。兵主③不足畏,国之危也。民不怀其产④,国之危也。

【注释】

① 得众:得民心。

② 和同:此谓和睦同心、协调一致。《管子·五辅》曰:"上下交引而不和同,故处不安而动不威。"

③ 兵主:军队的统帅。

④ 怀其产:安心于他们的产业。怀,安心。

【译文】

官吏如果得不到民众拥护,国家就危险了;大臣之间不能同心协力,国家就危险了;军队统帅没有威望,国家就危险了;人民不安心于自己的产业,国家就危险了。

【评析】

执政者应努力使百姓生活富裕,只有这样才能得到百姓的真心拥护。百姓有自己的财产或产业,才能衣食无忧、安居乐业。若百姓生活都无法得到基本保障,到处是民不聊生的景象,国家就会陷于危险之中。

9. 用财不可以啬,用力不可以苦。——《管子·版法》

【原文】

取人以己①,成事以质②。审用财,慎施报③,察称量④。故用财不可以啬,用力不可以苦⑤。用财啬则费⑥,用力苦则劳⑦。民不足,令乃辱⑧;民苦殃,令不行。施报不得⑨,祸乃始昌⑩;祸昌不寤⑪,民乃自图⑫。

【注释】

① 取人以己:取用于人要设身处地。
② 成事以质:即办事要量力而行。
③ 施报:施惠和酬报。
④ 察:明察,明白无误。称量:指计量轻重多少和能力大小。
⑤ 苦:指过头。
⑥ 用财啬则费:尹注目曰:"啬于用财,不以赏赐,则立功之士懈怠,敌人来侵,其费更多。"啬,吝啬,过分爱惜。费,同"拂",悖逆。
⑦ 用力苦则劳:指过度使用民力,劳役百姓过了头。
⑧ 辱:指遭到违背或反对。
⑨ 得:得当,适合。

⑩ 昌：生，多。

⑪ 寤：同"悟"，醒悟。

⑫ 自图：指自谋出路。

【译文】

征取民众人力物力，要比照一下自己设身处地来考虑；朝廷兴办大事，要根据实际力量来做。要详细斟酌国家的财政用度和民力，慎重地对待施惠和酬报，明察事物的量与劳力的使用限度，反复衡量轻重利害。所以，用财于民不能太吝啬，征用民力不能太过头。用财吝啬则事情难办，征用民力过头则民众疲劳。民众贫困，政令即使繁缛也没有功效；民众苦于劳役之灾，政令就无法贯彻。施予酬报不当，祸乱就开始萌发；祸乱萌发而人君还不觉悟，民众就自图造反了。

【评析】

民众是国家财富的直接创造者。执政者要"用财于民"，使民众免于贫困，否则政令将难以落实；要"征用于民"，使民众参与劳役，否则国家将难以建设。其中，"用财于民"要谨慎，不能使民众过于贫困或者富裕；"征用于民"也要谨慎，不能使民众过于疲劳，否则将会引发社会动荡。

10. 上下乱，贵贱争，长幼倍，贫富失，而国不乱者，未之尝闻也。——《管子·五辅》

【原文】

曰民知义矣，而未知礼，然后饰八经以导之礼①。所谓八经者何？曰：上下有义②，贵贱有分，长幼有等，贫富有度。凡此八者，礼之经也。故上下无义则乱，贵贱无分则争，长幼无等则倍③，贫富无度则失④。上下乱，贵贱争，长幼倍，贫富失，而国不乱者，未之尝闻也。

四、法　家

【注释】

① 饰：通"饬"。整饬，修治。
② 义：道义，规则。
③ 倍：通"背"。背弃，背离。
④ 失：丧失，失去节制。

【译文】

说百姓虽已知道义了，然而还未必懂得礼，这样就应该经由修治以下八条重要原则引导民众懂得礼法。这八项原则指的是什么呢？上与下都各有礼仪，贵与贱都各有本分，长与幼都各守等次，贫与富都各有限度。总计这八个方面，就是礼的重要准则。因此，上与下没有礼仪就要混乱，贵与贱不守本分就要相争，长与幼没有等差就要悖逆，贫与富没有限度就要失控。上下乱，贵贱争，长幼悖，贫富无度，而国家没有陷于混乱的，从来没听说过。

【评析】

执政者应当做到"上下有序""贵贱有分""长幼有别""贫富有度"。唯有如此，作为国家根基的礼治秩序才能建立，国家才能安定。否则，社会秩序可能会因各阶层的利益斗争而陷入混乱之中，国家安全将受到直接威胁。

11. 三者藏于官则为法，施于国则成俗，其余不强而治矣。——《管子·法禁》

【原文】

法制不议①，则民不相私；刑杀毋赦，则民不偷于为善②；爵禄毋假③，则下不乱其上。三者藏于官则为法，施于国则成俗，其余不强④而治矣。

【注释】

① 不议：无疑议、私议。指法制严明。

② 不偷于为善：意思是为善认真，不怀苟且之心。偷，苟且。

③ 毋假：不容假借，意思是赐爵授禄的大权不旁落于臣下之手。假，假借，无端给予。

④ 强（qiǎng）：勉强。

【译文】

法与制不容疑议，民众就不敢相互营私；刑与杀不容宽赦，民众就不敢苟且为善；爵与禄的授予不假于人，臣下就不会作乱犯上。这三者如果实施于官府而成为法律，推行到全国民众而成为风俗，其他事情不用太费力就可以治理国家了。

【评析】

增强法律的权威性、刑罚的威慑力，则民众不敢犯法行私、苟且为善；强化君主授予爵禄的权力，则臣子不敢犯上。如此，国家社会治理有序、政治秩序稳定。以"法治"的手段将法律的权威性、刑罚的威慑力、君主的权势加以巩固，那么国家便容易治理了。

12. 远近一心，则众寡同力；众寡同力，则战可以必胜，而守可以必固。——《管子·重令》

【原文】

远近一心，则众寡同力；众寡同力，则战可以必胜，而守可以必固。非以并兼攘夺也，以为天下政治也，此正天下之道也。

【译文】

远近团结一心，就可以达到众寡勠力同心了；众寡勠力同心，就可以做到攻战必胜、防守必固了。这些并不是为侵吞和掠夺别国，而是为把天下政事治理好,这才是匡正天下的原则。

【评析】

与远近国家"团结一心""勠力同心",达成"攻守同盟",是国家应对国际安全威胁的手段。"攻守同盟"的目的不在于侵略别国,而是通过组建我方适用的国际社会新秩序,为匡正天下贡献自己的力量。

13. 治国有器,富国有事,强国有数,胜国有理,制天下有分。——《管子·制分》

【原文】

治者所道富也^①,而治未必富也,必知富之事^②,然后能富。富者所道强也,而富未必强也,必知强之数^③,然后能强。强者所道胜也,而强未必胜也,必知胜之理^④,然后能胜。胜者所道制也^⑤,而胜未必制也,必知制之分^⑥,然后能制。是故治国有器,富国有事,强国有数,胜国有理,制天下有分。

【注释】

① 治者:指政治安定。道:同"导",导向。
② 知:懂得,了解。事:措施。一说生产事务。
③ 强之数:使国家强盛的方法。数,方法,策略。
④ 胜之理:战胜敌国的道理。理,道理,义理。
⑤ 制:控制天下,统一天下。
⑥ 制之分:控制和统一天下应遵行的本分。

【译文】

安定是国家富裕的条件,但国家安定未必就能富裕,还必须懂得致富的道理,然后才能富国。富裕是国家强大的条件,但富裕了未必就能使国家强大,还必须懂得强国的道理,然后才能强国。强大是胜利的条件，但强大未必就能制胜，还必须懂得制胜的道理，然后才能制胜。胜是控制天下的条件，但战胜别人未必就能控制别人，必须懂得控驭天下的道理，然后才能控驭天下。所以，治理国家要有军备，使国致富要有生产，使国强大要有措施，使国战胜要有道理，控制天下则要有名分（一说分寸）。

【评析】

治理国家应当首先保障国家安定。务本即进行生产活动，是百姓致富的基本手段。"安定""务本"则国富；"国富""重兵"则国强；"国强""敌削"则国胜；"国胜""名分"则得天下。治理国家要重视军备和农业生产。欲使国强，须有切实有效的措施，欲使国胜，须有令人信服的道理。

14. 不知四时，乃失国之基。不知五谷之故，国家乃路。——《管子·四时》

【原文】

管子曰：令有时。无时则必视顺天之所以来①。五漫漫，六惛惛②，孰知之哉？唯圣人知四时。不知四时，乃失国之基。不知五谷之故，国家乃路③。

【注释】

① 视顺：取法、准则。一说"顺"为衍文。
② 五漫漫，六惛惛："五"指日、星、岁、辰、月，"六"指阴、阳、春、夏、秋、冬。一说"五""六"为虚指。漫漫、惛惛，无知的样子。
③ 路：通"露"，败坏。

【译文】

管子说：发布政令要讲时节。不得时，就必须视察天时的由来。对日、星、岁、辰、月茫然无知，对阴、阳、春、夏、秋、冬糊里糊涂，谁能了解天时？只有圣人才能了解四时。不了解四时，就将失掉立国的根本。不知道五谷的生长规律，国家就会败坏。

【评析】

"春夏秋冬"四时运转规则是立国之本，它影响着国家的天象、历法、农桑等；"麻黍稷麦豆"五谷生长规律是国家富强之基，五谷产量足则民富国强。"法律"和"政令"不宜多变。"法律"多变则社会动荡；"政令"多变则政局不稳。如此，国力被削弱，国家将陷入危难之中。以"富国""安民"作为政绩的考量标准，国家政绩多则国富民强；以"刑罚无度""纵情坏法"作为执政暴虐的识别指标，国家多暴虐则国亡君死。

15. 利莫大于治，害莫大于乱。——《管子·正世》

【原文】

夫盗贼不胜①，邪乱不止。强劫弱，众暴寡，此天下之所忧，万民之所患也。忧患不除，则民不安其居。民不安其居，则民望绝于上矣。夫利莫大于治，害莫大于乱。夫五帝三王所以成功立名，显于后世者，以为天下致利除害也。

【注释】

① 盗贼不胜：犹言不胜盗贼。

【译文】

盗贼得不到镇压，邪乱就不会停止。强者欺负弱者，多数压迫少数，这是社会所忧虑、民众所担心的事情。这种忧患得不到消除，民众就不能安居。民众不能安居，那么他们对君主就绝望了。国家最大的利好莫过于安定，最大的祸害莫过于动乱。五帝三王之所以成功扬名，显耀于后世，就是因为他们能为天下兴利除害。

【评析】

盗贼、邪乱、强者欺负弱者、多数压迫少数，是天下人所忧患之事。国家安定是国家富强的基础。国家富强则民众安居。无内忧，方可伺机称霸天下。社会动荡，国家安全就会受到威胁。民不聊生，国力会被削弱。如此，国家也将面临被别国侵略的风险。

16. 治国常富，而乱国常贫。——《管子·治国》

【原文】

凡治国之道，必先富民。民富则易治也，民贫则难治也。奚以知其然也？民富则安乡重家，安乡重家则敬上畏罪，敬上畏罪则易治也。民贫则危乡轻家，危乡轻家则敢陵上犯禁①，凌上犯禁则难治也。故治国常富，而乱国必贫。是以善为国者，必先富民，然后治之。

【注释】

①陵：凌驾，侵犯

【译文】

大凡治国之道，一定要先使百姓富裕起来。百姓富裕了，就容易治理，百姓穷困了，就难以治理。怎么知道是这样呢？民众富裕就安于乡里，不愿意离开家园，安土重迁就会尊敬长上而害怕犯罪，尊敬长上而害怕犯罪也就容易治理了。民众贫困就不安于乡居而轻视家园，不安于乡居而轻视家园，就敢于侵凌长上而违法乱纪了，侵凌长上而违法乱纪就难以治理了。所以太平国家往往是富裕的，混乱国家往往是贫穷的。所以善于处理国政的君主，一定要先使百姓富起来，然后再加以治理。

四、法 家

【评析】

富民是治国的重要手段。民富则国强易治,民贫则国乱难治。百姓富裕,就不会因为穷困而搅乱社会秩序,国家方可集中力量办大事,动用各种资源,维持内外环境的安定。

17. 不生粟之国亡,粟生而死者霸,粟生而不死者王。
——《管子·治国》

【原文】

民作一则田垦,奸巧不生。田垦则粟多,粟多则国富。奸巧不生则民治。富而治,此王之道也。不生粟之国亡,粟生而死者霸,粟生而不死者王。粟也者,民之所归也;粟也者,财之所归也;粟也者,地之所归也。粟多则天下之物尽至矣。

【译文】

专一务农则田地就会得到开垦,奸巧之事就不会发生。田地开垦粮食就多,粮食多国家就富。奸巧之事杜绝了,人民就会安定。富裕而又安定,这正是成就王业的道路。农业荒废不产粮食的国家将会灭亡,粮食生产而吃光用尽的国家仅能称霸,粮食生产充足并且有积存的国家才能成就王业。粮食,是民生之本;粮食,是财用之本;粮食,是疆土之本。粮食多天下的物产就都来了。

【评析】

生产粮食是国家强大的基础条件。不生产粮食,农业就会荒废;生产粮食但无法积存的国家,只能靠武力掠夺他国来维持,最后可能陷于穷兵黩武之窘境。只有生产粮食并大量积存粮食的国家,才能"王天下"。重视农业,保障粮食充足,才能促进社会安定和国家富裕。

18. 不法法则治。——《管子·禁藏》

【原文】

夫不法法则治①。法者，天下之仪也，所以决疑而明是非也，百姓所县②命也。故明王慎之，不为亲戚故贵易其法，吏不敢以长官威严危其命，民不以珠玉重宝犯其禁。故主上视法严于亲戚，吏之举令敬于师长，民之承教重于神宝③。故法立而不用，刑设而不行也。

【注释】

① 法法：此句前"法"读"废"，废弃。后"法"仍读为"法"。
② 县（xuán）：系。
③ 神宝：即"神保"。古时祭祖用来代表祖先受祭的活人。此处借指祖先。一说，"神宝"分解，"神"即神灵，"宝"即宝物。

【译文】

不废弃法度才能治理好国家。法，是天下的准则，是用来解决疑难、判明是非的，是与百姓性命攸关的。所以贤明的君主对法非常慎重，不会为了亲戚权贵而更改法律，官吏也不敢利用长官权威破坏法令，百姓也不敢用珠宝贿赂触犯禁令。君主把法令看得比亲贵更尊严，官吏把执行法令看得比对待师长更恭敬，百姓把接受政教看得比祭祖更神圣。这样，法虽然制定出来，实际上并不需要动用；刑罚虽然设立，实际上并不需要执行。

【评析】

法是决嫌疑、明是非的治国手段。以法治国是保障国家安全的重要手段。执政者不得因为自身权贵而纵情坏法、肆意更法。官吏不得利用自己的长官权威而任权坏法。百姓不得为了利益而用利贿法、触犯法令。恪守这些准则，则政治清明、社会安定。

四、法 家

19. 国之所以兴者，农战也。——《商君书·农战》

【原文】

凡人主之所以劝民者①，官爵也。国之所以兴者，农战也。今民求官爵，皆不以农战，而以巧言虚道②，此谓劳民③。劳民者，其国必无力。无力者，其国必削。

【注释】

①劝：勉励。
②虚道：指空泛无用的说教。
③劳：懒惰，使懒惰。

【译文】

通常君主用来勉励民众的，是官职和爵位。国家得以强大的根本，是农业和军事。现在民众求取官爵，都不是凭借农耕和作战的功绩，而是靠花言巧语和空洞无物的说教，这叫做使百姓怠惰。使百姓怠惰的国家，统治必然软弱无力。统治软弱无力的国家，他的国力就会被削弱。

【评析】

农业和军事是国家强大的根基。农业繁荣，则民富国强。兵力强大，则攻守有余。在充足的物资保障下，一支精良的军队，足以建立王霸之功业。民众是国家财富的直接创造者。执政不力则民众怠惰，民众怠惰则国贫兵弱。如此，国家将面临被别国侵略的危险。

20. 以强去强者，弱；以弱去强者，强。——《商君书·去强》

【原文】

以强去强者①，弱；以弱去强者②，强。国为善③，奸必多。国富而贫治④，曰重富⑤，重富者强。国贫而富治，曰重贫⑥，重贫者弱。兵行敌所不敢行⑦，强。事兴敌所羞为⑧，利。主贵多变，国贵少变。国少物⑨，削；国多物，强。千乘之国守千物者削⑩。战事兵用而国强⑪，战乱兵怠而国削。

【注释】

① 强：前一个"强"指强民政策，即所谓"礼、乐、诗、书、善、修、孝、弟、廉、辩"等儒家教化。后一个"强"指强民，即不听从命令的百姓。

② 弱：指弱民政策，即重赏罚以使民众守法。

③ 国为善：国家施行善政。为，施行。

④ 贫治：即以节俭的办法来治理，即尚俭朴。

⑤ 重（chóng）富：更加富足，也就是富上加富。

⑥ 国贫而富治，曰重贫：这句话的意思与"国富而贫治，曰重富"正相反，即国家本来贫困，却当富国来治理，这叫穷上加穷。这里讲了两种治国的方法：贫治，即重视节俭；富治，即崇尚奢侈。

⑦ 兵行敌所不敢行：指战士敢于拼死作战。

⑧ 事兴敌所羞为：敢做敌人认为耻辱的事，指排斥儒家的礼义。

⑨ 物：财物。

⑩ 千乘之国守千物者削：此句意谓平均一辆兵车守一物，物少，故曰削。

⑪ 事：治理，任事。用：效力。

【译文】

运用强民的办法来清除不服从法令的民众，君主的统治会被削弱；运用弱民措施来清除不服从法令的民众，君主的统治就会加强。国家施行善政，奸诈之人一定会多。国家富强却当作穷国来治理，这样的国家会富上加富，富上加富的国家一定强大。国家贫穷却当作富国来治理，这就叫穷上加穷，穷上加穷的国家一定衰弱。军队能做敌人所不敢做的

四、法 家

事,就强大。在国家大事上能做敌人认为耻辱不愿做的事,就有利。君主贵在多谋善变,国家贵在法制稳定。国家财物少,就会衰弱;国家财物多,就会强大。有一千辆兵车只守有千物的国家就会削弱。行军打仗指挥有方、士兵效命的国家就强大,打仗时指挥混乱士兵怠惰的国家就会削弱。

【评析】

法家认为,"民强君弱""民富国强",所以君主应当运用法律的手段,统治民众。国家应当谨慎地发展农业,不以国家富裕而轻视农业,不断积累财富,那么国家将会更加富裕、强大。

21. 治大,国小;治小,国大。——《商君书·去强》

【原文】

治大①,国小;治小②,国大。强之,重削③;弱之,重强④。夫以强攻强者亡⑤,以弱攻强者王。国强而不战,毒输于内⑥,礼乐虱官生⑦,必削;国遂战,毒输于敌,国无礼乐虱官,必强。举荣任功曰强⑧,虱官生必削。农少、商多,贵人贫、商贫、农贫,三官贫,必削。

【注释】

① 治大:指统治措施繁多。

② 治小:指统治措施精练,指专用法家思想治国,除去儒家繁杂的思想。小,通"少",简略之意。

③ 重(chóng)削:即越来越被削弱,也就是弱上加弱。重,相当于更加。削,削弱。

④ 重强:即强上加强。

⑤ 攻:整治,《广雅·释诂》:"攻,治也。"即整治之意。

⑥ 毒输于内:毒物就会灌输到国内。毒,毒物。输,灌输、灌注。

⑦ 虱官:指蠹国害民的人或事。高亨注:"虱官义不可通,当作虱

173

害，害、官因字形相似而误。虱者害人之虫，故谓之虱害。"

⑧举荣任功曰强：选拔使用有功劳和治绩的人，国家就会强大。举，选用。荣，陶鸿庆注："荣，盖劳字之误。"举劳，选用有功劳的人。

【译文】

治道繁杂，国家就会衰弱。治道简洁，国家就会强大。使人民强大不守法，国家就会越来越削弱；使人民弱小遵纪守法，国家就会越来越强大。采用使民众变得强大的政策来整治不守法的百姓，国家就要亡国，采用使民众变得软弱的政策来整治不守法的百姓，国家就能成就王业。国强而不去征伐，毒害会产生于国内，礼乐等危害产生了，国力必然会削弱；用兵进行征伐，毒害转嫁到国外，国内没有礼乐等危害，国家必定强大。任用有功劳的人国家就强大，胡乱用人致使危害产生，国家就削弱。农民少商人多，因而公卿官吏贫穷了，商人贫穷了，农民贫穷了。这三种人都贫穷了，国家必被削弱。

【评析】

"简政"则国强，"简政"即精简政策；"弱民守法"则国强，"弱民守法"即削弱民众的政治力量，使其安于现状，遵纪守法；"国强无伐则害于内，国强有伐则强于外"，即富强的国家要注重对国外的辐射，开辟国外市场，转嫁国内矛盾，提升国际影响力；"论功行赏"则国强，"论功行赏"即保障国家以"建功立业"的手段吸引人才参与政权建设道路的畅通；"重农"则国强，"重农"即重视农民、农产、农业，农业繁荣则经济繁荣，农产富足则物资充足，农民众多则社会安定。

22. 民胜法，国乱。——《商君书·说民》

【原文】

用善①，则民亲其亲；任奸②，则民亲其制。合而复者③，善也；别

四、法　家

而规④者，奸也。章⑤善则过匿，任奸则罪诛。过匿，则民胜法；罪诛，则法胜民。民胜法，国乱；法胜民，兵强。故曰：以良民⑥治，必乱至削；以奸民⑦治，必治至强。

【注释】

① 善：指重道义、仁善之人。
② 奸：与"善"相反。
③ 合：合力。复：通"覆"，掩盖。
④ 规：通"窥"，监视。
⑤ 章：彰显。
⑥ 良民：增强民众力量。
⑦ 奸民：削弱民众力量。

【译文】

任用所谓的"善民"，那么民众就只爱他们的亲人；任用所谓的"奸民"，那么民众就会遵守国家的法制。民众合力互相掩盖过失，这就是用所谓的"善民"的结果；民众疏远互相监督，这就是用所谓的"奸民"的结果。表彰所谓的"善民"，民众的罪过就会被掩盖起来；任用所谓的"奸民"，民众中的过错就会受到惩罚。民众的错误被掩盖，那么民众就凌驾在法规之上；民众的罪过受到惩罚，那么国家的法规就能压服民众。民众凌驾在法规之上，国家就会混乱；法规能够压服民众，国家的兵力就强大。所以说，用"善民"的方法治理国家，国家就一定会乱套直至被削弱；用"奸民"的方法治理国家，就一定能治理好直到强大。

【评析】

稳定的政治局势是国家发展的前提。如果"民强主弱"，民众不听从、不畏惧政令、法规，那么社会将陷入"无政府状态"的混乱之中，国家发展受阻，国力必然会被削弱。如果"主强民弱"，即民众被政府安然有序地管理着,他们专心从事"农战",那么国家必然会兵力强大,国力强盛。

23. 治民能使大邪不生,细过不失,则国治。——《商君书·开塞》

【原文】

刑不能去奸而赏不能止过者,必乱。故王者刑用于将过,则大邪不生;赏施于告奸,则细过不失。治民能使大邪不生,细过不失,则国治。国治必强。一国行之,境内独治。二国行之,兵则少寝①。天下行之,至德复立。此吾以杀刑之反②于德而义合于暴也。

【注释】

① 少寝:稍息。朱师辙注:"寝借为'寑'。"先大父曰:"寑,犹息也。"少,稍。

② 反:古同"返"。

【译文】

刑罚不能除去奸邪,赏赐不能遏止罪过,国家必乱。因此成就王业的国君,把刑罚用在人民将要犯罪的时候,所以大的奸邪才不产生;把赏赐用在告发犯罪方面,所以小的罪过也不会漏网。治理人民能够使大的奸邪不产生,使小的罪过不漏网,国家就得到治理了。国家得到治理,就必定强大。一个国家这样做,就可以独享清明的政治。两个国家这样做,战争就可以有所止息。天下都这样做,最高的道德就会重新建立起来。所以我认为杀戮、刑罚能够合乎道德,而"义"反倒合于残暴。

【评析】

要使百姓听从国家的号令,需要用好刑赏二柄。刑赏是去除奸邪、预防犯罪的重要手段。如果一国民众既不向往赏赐、也不畏惧刑罚,那么这个国家必然奸邪丛生,陷入混乱之中。所以,如何使用刑赏的手段,提前发现危害的苗头,避免危害的发生与扩大,对于国家治理至关重要。

24. 世之为治者,多释法而任私议,此国之所以乱也。
——《商君书·修权》

【原文】

世之为治者,多释法而任①私议,此国之所以乱也。先王县权衡②,立尺寸,而至今法之,其分明也。夫释权衡而断轻重,废尺寸而意③长短,虽察,商贾不用,为其不必也。故法者,国之权衡也。夫倍法度而任私议④,皆不知类者也⑤。

【注释】

① 任:听信。
② 县(xuán):古"悬"字。权衡:称量物体轻重的器具。权,秤砣。衡,秤杆。
③ 意:估计。
④ 倍:通"背",即违背。
⑤ 原文无"知"字,据《群书治要》卷三十六引文补。类:指对事物用类推来判断是非。

【译文】

世上治理国家的人,大多数都抛弃了法度而任由私人意见盛行,这是国家混乱的原因。先王设置衡器,确立了尺和寸,这些至今还沿用,是因为度量的标准明确。如果抛开衡器而判断轻重,废除尺寸而估计长短,即使估计得很准,商人也不会用这种办法,因为那样不精确。所以,法度就是国家的权衡。违背法度而采用个人意见,都是不懂事理。

【评析】

"依法治国"则社会治理有秩序,人们遵循客观的法律参与社会生活;"以私治国"则社会治理无序,人们纷纷攀附权贵,国家的权势将会被瓜分,影响国家政治局势的稳定。所以说,"设法任私"会造成"君主不尊""权臣势大""民不聊生",国家将陷入混乱之中。

25. 国乱者,民多私义;兵弱者,民多私勇。——《商君书·画策》

【原文】

国乱者,民多私义;兵弱者,民多私勇。则削国之所以取爵禄者多涂①。亡国之俗,贱爵轻禄。不作而食,不战而荣,无爵而尊,无禄而富,无官而长,此之谓奸民。

【注释】

①涂:通"途"。

【译文】

国家混乱的原因,是民众多考虑个人道义;军队力量弱的原因,是民众多追求私下的斗勇。那么在实力削弱的国家获取爵位和俸禄的途径就有许多。使国家灭亡的风气,是民众看不起爵位,轻视俸禄。不劳动而有饭吃,不打仗而有荣誉,没有爵位依然尊贵,没有俸禄照样富有,没有官职照样威风,这就叫作奸民。

【评析】

法治的目标在于去私立公。去私义、去私勇,是平定社会混乱、提升军队战斗力的重要手段。将功劳与爵禄直接挂钩,并严惩私义、私勇的行为,建立奖励公义、公勇的制度,那么军队的战斗力将得到极大的提升,国家安全将得到极大的保障。

26. 法枉治乱；任善言多。治众国乱；言多兵弱。——《商君书·弱民》

【原文】

法枉治乱；任善言多。治众国乱；言多兵弱。法明治省；任力息言①。治省国治；言息兵强。故治大，国小；治小，国大。

【注释】

① 任力：任用力量，此指强硬的措施。

【译文】

法度偏斜，统治就要混乱；任用贤良，异言就要盛行。治国的方针纷杂，国家就混乱；异言盛行，兵力就弱。法度明确，治理的方法就会省简；任用力量，异言就会停止。治理的方法省简，国家就政治清明；异言停止，兵力就强。所以，治理得多，国家的力量就小；治理得少，国家的力量就大。

【评析】

治国之道在于推行法度。只有以法治国，国家才能强盛。法度公正、严谨，官民有法可依，社会就会有秩序，国家就能保持稳定；法度不正，无法统一人们的思想和言行，国家会陷入混乱。

27. 国待农战而安，主待农战而尊。——《商君书·农战》

【原文】

国待农战而安，主待农战而尊。夫民之不农战也，上好言而官失常也。常官①，则国治，壹②务，则国富。国富而治，王之道也。故曰：王道非外，身作壹而已矣。

【注释】

① 常官：以正常途径（指农战）任命官吏。

② 壹：专力从事某事。

【译文】

国家的安定要靠农耕和作战，君主的尊贵也要靠农耕和作战。如果百姓都不从事农耕和作战，那是因为君主喜欢空谈，选任官吏失去了常道。按正常途径（指农战）任用官吏，国家就会政治清明；百姓专力从事农耕和作战，国家就会富强。国家富强而又政治清明，这是成就王业的途径。因此，成就王业的途径不是别的，只在于自己专心从事农耕和作战罢了。

【评析】

治理国家要重视农业和军事问题。农耕与作战是国之二柄，是一切经济活动、军事活动和政治活动的基础，是百姓安居和国家安全的前提。

28. 以乱攻治者亡，以邪攻正者亡，以逆攻顺者亡。——《韩非子·初见秦》

【原文】

臣闻之曰："以乱攻治①者亡，以邪攻正者亡，以逆攻顺者亡②。"今天下之府库不盈，囷仓空虚③，悉其士民，张军数十百万，其顿首戴羽为将军断死于前不至千人，皆以言死。白刃在前，斧锧④在后，而却走不能死也，非其士民不能死也，上不能故也。

【注释】

① 治：安定，太平。

② 以逆攻顺者亡："乾道本"无此六字，此从"迂评本"。

③ 囷（qūn）仓：储藏粮食的仓库。囷，圆形的谷仓。
④ 斧锧（zhì）：古代腰斩死刑时的垫具。

【译文】

我听说过这样的话："拿混乱的国家去进攻安定的国家，就要灭亡；拿邪恶的国家去进攻正义的国家，就要灭亡；拿倒行逆施的国家去进攻顺应天道人心的国家，就要灭亡。"现在天下各国府库不充足，粮仓空虚，还发动他们全国的民众，列起数十百万军队，其中在将军面前叩头发誓要到前面冲锋陷阵决一死战的不下千人，都说要直到战死。但等到开战，前面有闪亮的刀剑，后面是治罪的斧锧，仍然向后逃跑而不能冲锋拼死，这不是他们的士民不能拼死作战，而是君主不能使他们拼死战斗的缘故。

【评析】

治理国家要顺应天道。顺应天道，才能政通人和，国家安全才有保障。不循天道、倒行逆施的国家，会背离民心，陷入混乱中，注定走向衰亡。

29. 奉法者强，则国强；奉法者弱，则国弱。——《韩非子·有度》

【原文】

国无常强①，无常弱。奉法者强②，则国强；奉法者弱，则国弱。

【注释】

① 常：永久的。

② 奉法者：执法的君主。

【译文】

国家没有永久不变的强盛，也没有永久不变的衰弱。奉行法度的君主强劲有力，坚决实行法治，那么国家就强盛；奉行法度的君主软弱无力，实行法治不坚决，那么国家就衰弱。

【评析】

法治是国家强盛的保障。管用而有效的法律，既不是铭刻在大理石上，也不是铭刻在铜表上，而是铭刻在民众的心里。"奉法者强。"国家的强盛需要建立在执政者对法治坚决遵守的基础上。这就要求执政者必须真正信奉法度，并严格依照法度来规制自己的行为，来治国理政。只有这样，国家才能日益强盛。

30. 欲为其国，必伐其聚；不伐其聚，彼将聚众。——《韩非子·杨权》

【原文】

欲为其国①，必伐其聚②；不伐其聚，彼将聚众。

【注释】

① 为：治理。

② 聚：指丛生的草木，此比喻朋党。

【译文】

想要治理好自己的国家，一定要铲除臣下的朋党团伙；如果不铲除臣下的朋党团伙，他们将聚集得越来越厉害。

【评析】

治理国家，既要团结官吏，促使他们相互合作、共同处理政务，又要防止官吏之间相互勾结、损害国家利益。结党必会营私。官吏之间结成利益集团，不仅会造成朝政混乱，还会滋生贪腐之气。利益集团之间的联合与斗争，可能造成朋党之祸，直接威胁国家政权的稳定。

31. 恃人之以爱为我者危矣，恃吾不可不为者安矣。——《韩非子·奸劫弑臣》

【原文】

从是观之，则圣人之治国也，固有使人不得不爱我之道，而不恃人之以爱为我也。恃人之以爱为我者危矣，恃吾不可不为者安矣。夫君臣非有骨肉之亲，正直之道可以得利，则臣尽力以事主；正直之道不可以得安，则臣行私以干上。

【译文】

由此看来，圣人治理国家，本来就有使人不得不爱我的办法，而不依赖人根据自己的私心偏爱而为我效力。依靠别人因仁爱的原因来为我效劳的，那就危险了；依靠我使人不得不为我效劳的办法，就能安定了。君臣之间不存在骨肉间的亲情，依靠正直的途径可以得到利益，那么臣子就会尽力侍奉君主；依靠正直的途径不能获得安全，那么臣子就会采用奸术来侵犯君主。

【评析】

国家安全的保障应当来源于自身。那些寄希望于敌人"仁爱不侵"的国家，始终面临着亡国灭种的风险。只有依靠自身强大的实力，使敌人不敢轻言侵略，才能真正地保障国家安全。

32. 简法禁而务谋虑，荒封内而恃交援者，可亡也。——《韩非子·亡征》

【原文】

简法禁而务谋虑①，荒封内而恃交援者②，可亡也。

【注释】

① 简：忽视。务：专心从事。
② 封内：境内。封，疆界。

【译文】

轻视法律禁令而致力于计谋智巧，荒废了境内的治理而依赖结交外国来求得援救，这种国君可能会亡国。

【评析】

"重法而轻智""务内而远外援"是国家得以安定发展的保障。"重法"，则国内社会治理井然有序，"务内"，则国力得到良性的发展。不发展本国的国力，反而寄希望于以"权谋"的手段借助国外势力拱卫国家安全的，终究是无源之水，国家安全始终得不到有效保障。

33. 恃交援而简近邻，怙强大之救而侮所迫之国者，可亡也。——《韩非子·亡征》

【原文】

恃交援而简近邻，怙强大之救而侮所迫之国者①，可亡也。

【注释】

① 怙（hù）：依仗，凭恃。

四、法家

【译文】
依赖外交外援而怠慢邻近的国家,倚仗强大国家的援救而轻侮紧靠着的邻国,这种国君可能会亡国。

【评析】
国家的外交政策要建立在对本国国力清醒认知的基础上。"睦邻为善"是一国外交安全的根本。如果一个没有能力守护本国安全的国家,依靠别国守护,反而仗势欺侮邻国,四处招惹邻国,恶化本国的国家安全环境,那么一旦国际局势发生剧变,这个国家将会陷入危难之中。

34. 明法者强,慢法者弱。——《韩非子·饰邪》

【原文】
明法者强,慢法者弱。强弱如是其明矣,而世主弗为,国亡宜矣。

【译文】
彰明法制的国家就强盛,怠慢法制的国家就衰弱。使国家强盛、衰弱的办法已经很明白了,而当代的君主却还不搞法治,那么他的国家衰弱灭亡也是应该的了。

【评析】
法度公开与否事关国家兴亡成败。通过法度管理国家,国家才能得到大治,走向富强。国家的强盛需要建立在公开且坚实的法度的基础上。人人知法、守法,则社会井然有序。若人人怠慢法度,则社会将陷入混乱,国家将走向衰败。

35. 利莫长于简,福莫久于安。——《韩非子·大体》

【原文】
故至安之世,法如朝露,纯朴不散,心无结怨,口无烦言。故车马不疲弊于远路，旌旗不乱于大泽，万民不失命于寇戎，雄骏不创寿于旗幢①；豪杰不著名于图书，不录功于盘盂②，记年之牒空虚③。故曰：利莫长于简，福莫久于安。

【注释】

① 骏：通"俊"。幢（chuáng）：古代的一种旗帜。
② 盘盂：青铜用具，先秦时常在上面铸文字，记录功名。
③ 牒：古代的书板，这里代指史书。

【译文】

所以大治之世，法令制度就像早晨的露水一样，纯洁质朴而不杂乱，人们心里没有郁积的怨恨，嘴里没有气愤的争吵。因此没有远路奔跑的劳累，旌旗不会战败后丢弃在水泽，民众不会在敌人的侵犯中丧命，勇士不会夭折于将军的旗帜之下；图书里不留下豪杰的名字，盘盂上不铸刻立下的战功，国家编年的史册中一片空白。所以说：没有什么比政治的简朴更能取得长远的利益，没有什么比社会的安定更能使幸福长久。

【评析】

"政令简朴""法令有序"是国家治世安民的执政理念，是对政治和法律的具体要求。"政令简朴"则民众甘于接受国家的治理，维护了社会秩序，"法令有序"则使民众向往秩序、正义，为社会的发展注入动力。如此，社会祥和、繁荣，国家财富得到了积累，国力得到了增强。

36. 兵弱于敌，国贫于内，而不亡者，未之有也。——《韩非子·外储说左上》

【原文】

夫好显岩穴之士而朝之，则战士怠于行阵；上尊学者，下士居朝，则农夫惰于田。战士怠于行陈者①，则兵弱也；农夫惰于田者，则国贫也。兵弱于敌，国贫于内，而不亡者，未之有也。

【注释】
① 陈：通"阵"。

【译文】
君主喜爱隐居之士让他们入朝，那么战士就会懒于作战；君主尊崇学者，敬重的文人居于朝廷，那么农夫就会懒于耕作。战士在战场上不肯出力，那么兵力就衰弱了；农夫懒得耕作，那么国家就会贫穷。兵力比敌人弱，国家内部又贫穷，像这样还不灭亡的，是从来没有过的啊。

【评析】
军事安全、经济安全是传统国家安全的重要体现。如果无法调动士兵作战的积极性，则兵力衰弱；如果无法调动农民耕种的积极性，则国家贫穷。一旦国家比敌国兵弱且贫穷，那么国家安全就难以得到保障了。

37. 法不立，乱亡之道也。——《韩非子·外储说右下》

【原文】
法不立，乱亡之道也。

【译文】
法制不能建立，是使国家走向混乱灭亡的道路。

【评析】
依"法"治国则国强，以"情""德""仁"等治国则国亡。"法治"的约束力来自国家的强制力。"情""德""仁"等约束力则来自内心的良知，良知容易被蒙蔽。一旦良知被蒙蔽，那么社会将变得无序，国家也将陷入危难之中。奖赏是激励民众的手段，如果不以功劳论奖赏，那么人人不再向往建功立业，国家的凝聚力就散了，国家也将陷入混乱之中。

38. 是废常上贤则乱，舍法任智则危。——《韩非子·忠孝》

【原文】

今夫上贤任智无常①，逆道也，而天下常以为治。是故田氏夺吕氏于齐②，戴氏夺子氏于宋③。此皆贤且智也，岂愚且不肖乎？是废常上贤则乱，舍法任智则危。故曰：上法而不上贤。

【注释】

① 上：通"尚"，崇尚。下文"上贤"、"上法"之"上"皆同此。

② 田氏：指田常，即田成子，春秋末期齐国执政的卿。吕氏：这里指齐简公吕任。指公元前481年田成子发动政变，杀掉齐简公控制政权的事。齐：诸侯国名，范围包括今山东北部和河南东南部。

③ 戴氏：指子罕，即皇喜，战国时任宋国司城（即司空，主管土木建筑工程的官）。子氏：这里指宋桓侯，姓子名璧，或璧兵。这指的是子罕劫杀宋桓侯自立为君主的事。

【译文】

现在尊崇贤人任用智者，没有固定的原则，是背离道的，而天下的人却常常认为国家得到治理。因此田氏在齐国篡夺了吕氏的政权，戴氏在宋国篡夺了子氏的政权。这些都是贤能而且有智慧的人，难道他们真是愚蠢而不贤明吗？这说明废弃那永恒的政治原则而尊崇贤人，国家就混乱；抛掉了法度而任用智者，君主就危险。所以说：要尊奉法度而不要崇尚贤能。

四、法 家

【评析】

法家主张"尚法不尚贤",本质上是"法治"与"贤(人)治"的争辩。"尚法"则君主"权势独尊";"尚贤"则臣子分割君主之权势。况且"法治"使"中人之资"的君主遵循法律,也能很好地治理国家,"人治"则需要借助臣子的贤能品质,而这些并不是常有、常见的。

39. 饬令,则法不迁;法平,则吏无奸。——《韩非子·饬令》

【原文】

饬令,则法不迁①;法平,则吏无奸。法已定矣,不以善言②害法。任功,则民少言;任善,则民多言。行法曲③断,以五里断者王④,以九里断者强,宿治者削。

【注释】

① 迁:指随意改动,即偏离法的基本原则。
② 善言:好话,指儒家的"仁义"之言。
③ 曲:乡里,泛指乡村下层单位。
④ 王(wàng):称王,指统一天下。

【译文】

君主使自己的命令公正不偏而合于法制,那么法律就不会随意变动而游移不定;法治公正不阿,那么官吏就没有邪恶的行为。法令已经制定了,就不能用仁义道德之类的好话来妨害法令。任用有功劳的人,民众就少说空话;任用善谈"仁义"之言的人,民众就崇尚空谈。执行法令在乡村断案,五里之内能断案的国家,就能称王天下;九里以内能断案的国家,就能强盛;办事缓慢不能及时断案的国家,就会被削弱。

【评析】

韩非强调法治的重要性。在他看来，君令公正、合乎法制，全社会就会重视法律，法律就会具有高度的权威。执政者应当"以刑治，以赏战，厚禄以用术。"执政者公正地执法，则官员不敢违背法律，民众也会自觉抑制奸邪的犯罪念头，社会才能稳定。

40. 恃外不乱而治立者削，恃其不可乱而行法者兴。——《韩非子·心度》

【原文】

能越力于地者富①，能起力于敌者强，强不塞者王。故王道在所闻②，在所塞。塞其奸者必王，故王术不恃外之不乱也，恃其不可乱也。恃外不乱而治立者削，恃其不可乱而行法者兴。

【注释】

① 越：扬，发扬，发挥。
② 闻：应作"开"，指开发民力。

【译文】

能够在农耕上发挥民众力量的国家就富裕，能够在对敌作战中发动民众力量的国家就强大，强大得不能被阻挡的国家就能称王天下。所以称王天下的途径，就在于开发民力，但也在于禁止奸邪，能够禁止国内奸邪的国家一定能称王天下。所以称王天下的策略，不是依靠外国不来捣乱，而是依靠自己不可能被捣乱。依靠外国不捣乱来确立治国方法的国家就会削弱，依靠自己不可能被捣乱而推行法治的国家就能兴盛。

【评析】

"开发民力""禁止奸邪"是国家富强的重要途径。在耕种上"开发民力""禁止奸邪"，则国家富强；在作战中"开发民力""禁止奸邪"，则国家兵强。国家强盛的根本在国内而非国外。国内民壮兵强则国外无扰，卖国求荣则国削民弱。

41. 君无三累，臣无四责，可以安国。——《邓析子·无厚》

【原文】

君有三累，臣有四责①。何谓三累？惟亲②所信，一累也；以名取士③，二累也；近故④疏新⑤，三累也。何谓四责？受重赏而无功，一责也；居大位而不治，二责也；为理官⑥而不平，三责也；御⑦军阵而奔北⑧，四责也。君无三累，臣无四责，可以安国。

【注释】

① 责：罪责。

② 亲：亲人，指血缘关系的亲族。

③ 以名取士：名，名望，指统治阶级中有势力有名气的人。"士"通"仕"，官员。取士，任用官员。

④ 故：旧人，指代表旧势力的人。

⑤ 新：新人，指代表新兴势力的人。

⑥ 理官：司法官。

⑦ 御：指挥，统帅。

⑧ 奔北：打败仗逃跑。北，败退。

【译文】

当国君的容易有三种毛病，做臣子的容易有四种罪责。什么是三种毛病？只有亲族才信任，这是第一种毛病；根据名望任用官员，这是第二种毛病；亲近旧人，疏远新人，这是第三种毛病。什么是四种罪责？受了重赏却没有功劳，这是第一种罪责；当了大官却不管事，这是第二种罪责；做了司法官却不公平，这是第三种罪责；指挥军队却打败仗，这是第四种罪责。当君上的没有这三种毛病，做臣子的没有这四种罪责，就可以使国家安定了。

【评析】

"信人唯亲""任人唯名""远新近旧"是君主执政容易犯的三种毛病；"无功受赏""渎职懒政""司法不公""领军败仗"是臣子治国行政时容易犯的四种罪责。君主"信人唯亲"，则臣子攀附权贵；君主"任人唯名"，则臣子贪慕虚名；君主"远新近旧"，则臣子结党营私。臣子"无功受赏"，则败法威、损君权；臣子"渎职懒政"，则扰安定、害民生；臣子"司法不公"，则损法信、激民怨；臣子"领军败仗"，则弱兵力、伤国力。如此，君主不犯这三种毛病，臣子不犯这四种罪责，那么国家安全便有保障了。

42. 治世，位不可越，职不可乱，百官有司，各务其刑。——《邓析子·无厚》

【原文】

治世①，位②不可越，职不可乱，百官有司③，各务④其刑⑤。上循名以督⑥实，下奉教而不违⑦。所美观其所终，所恶计其所穷⑧。喜不以赏，怒不以罚。可谓治世⑨。

【注释】

① 治世：治，治理。世，社会，国家。
② 位：上下尊卑的官位。
③ 有司：做具体事务工作的人员。
④ 务：努力做到。
⑤ 刑：同"形"，与"名"同义。这里指按其官名所担任的职务。
⑥ 督：督责，督促做到。
⑦ 违：原本作"达"，据俞樾说改作"违"。

⑧ 穷：极点。

⑨ 治世：秩序好的国家，指所谓太平盛世。

【译文】

治理国家，上下不许僭越，职责不许混乱，一切官员各自努力从事好所任职务，君上按照名分督责实效，臣下遵守教令而不违犯，表现好的观察他所达到的效果，表现坏的估计他可能达到的极点，不因喜欢就赏赐，不因生气就惩罚，这就叫太平盛世。

【评析】

国家得到有效治理的关键在于君主与臣下分工明确，各司其职。君臣有序分工、名实相符，则政治清明；官民恪守职责，遵守法制，则社会安定。如此，国家安全便有了保障。

43. 民一于君，事断于法，此国之大道也。——《邓析子·转辞》

【原文】

立君而尊贤，与君争，其乱也甚于无君。故有道之国，法立则私善不行，君立而贤者不尊。民一于君，事断于法，此国之大道也。

【译文】

立了君主而又尊贤，和君主争威权，那样治理国家比没有君主还坏。所以有原则的国家，立了法令就不讲私情，立了君主就不尊贤人。民众只有在君主的统一领导下，万事只有用法令来决断，这才是治理国家的正确方法。

【评析】

邓析反对立了君主又"尊贤"。他认为立君主而后"尊贤"则"坏法立私"，侵害君主权威。严格遵循法令才是正确的治国方法。君主治国依据法令，根据大臣的能力确定其职位、制订发展规划、根据发展预期进行考核、奖惩。臣子只有尽职尽责才能完成工作考核，否则将受到处罚，只有这样他便没有心思营私舞弊了。邓析反对"尊贤"的理由在于，"贤人"品性高尚、能力突出，不易受法律约束。法律调整的是大多数"中人"，对于少数的"奸邪"要禁止，少数的"贤人"则不能重用。一旦重用"贤人"，如对"贤人"的考核标准难以制订，"贤人"难以受法律规制，便有可能"坏法行私"。所以说，邓析反对的不是"贤人"，而是反对人们脱离法律规制。

五、兵 家

1. 凡治乱之道：一曰仁，二曰信，三曰直，四曰一，五曰义，六曰变，七曰专。——《司马法·定爵》

【原文】

凡治乱之道：一曰仁，二曰信，三曰直，四曰一，五曰义，六曰变，七曰专①。

【注释】

① 专：指专权，集权。

【译文】

治理纷乱的方法如下：一是仁爱，二是诚信，三是正直，四是统一，五是道义，六是权变，七是集权。

【评析】

对于治理纷乱这一问题，《司马法》给出的答案较之儒墨道法各家明显要更全面一些。不但有仁、义、信等圣德怀柔手段，也有对于国土政权统一的强调，并且同时看重权变，主张灵活应对各种情况。这段话超出了我们以往对于兵家的刻板认识，跳出了仅仅局限于关于战争的理论，全方位地论述了治理纷乱局势的方式。

2. 内得爱焉，所以守也；外得威焉，所以战也。——《司马法·仁本》

【原文】

古者，以仁为本，以义治之之谓正，正不获意则权①。权出于战，不出于中人②。是故杀人安人，杀之可也；攻其国爱其民，攻之可也；以战止战，虽战可也。故仁见亲，义见说③，智见恃，勇见方④，信见信。内得爱焉，所以守也；外得威焉，所以战也。

战道：不违时，不历⑤民病，所以爱吾民也；不加丧⑥，不因凶，所以爱夫其民也；冬夏不兴师，所以兼爱其民也。故国虽大，好战必亡；天下虽安，忘战必危。天下既平，天子大恺⑦，春蒐秋狝⑧，诸侯春振旅，秋治兵。所以不忘战也。

【注释】

① 权：变通，机变。

② 中人：中和与仁爱。中，中和。人，通"仁"，仁爱。

③ 说：通"悦"，悦服。

④ 方：通"仿"，仿效。

⑤ 历：通"罹"，使遭受。

⑥ 加丧：趁别国有国丧时发动战争。

⑦ 恺：同"凯"，凯旋。

⑧春蒐秋狝：打猎，古代藉以训练部队的一种方式。春猎为蒐（sōu），秋猎为狝（xiǎn）。

【译文】

古代治国，以仁爱为根本，以"义"为原则，这是正常的途径。用正常的方法达不到目的，就采取特殊的手段。特殊的手段表现为战争，而不是表现为中和与仁爱。因此，如果杀掉坏人而使好人得到安宁，那么杀人是可以的。如果进攻别国是为了爱护该国的百姓，那么攻打它是可以的。如果用战争的手段来制止战争，那么从事战争也是可以的。所以，要施仁爱以获取人们的亲近，行正义以使人们悦服，凭智慧赢得人们的仰慕，靠勇敢争取人们的效法，以诚实博取人们的信任。这样，对内就能得到民众的爱戴，从而守土卫国；对外就能保持强大的威慑，从而战胜敌人。

用兵的原则是：不要违背农时，不要让民众遭受苦难，这样是为了爱护自己的民众；不趁敌人有国丧时进攻，也不趁敌国发生灾害时起兵，这样做是为了爱护敌国的民众；在严寒的冬季和酷热的夏季不兴师出征，这样做是为了爱护敌我双方的民众。所以，国家虽然强大，好战就必定灭亡；天下虽然太平，忘战则必有危险。即使天下已经太平，天子大功凯旋，仍要在每年春秋两季进行田猎以操练军队，演习战阵。各国诸侯也要在春天整顿军队，在秋天训练军队，这样做就是为了让人们不忘备战。

【评析】

仁与义是治理国家的基础。执政者应以仁待人，同时也要努力使自己被以仁相待。执政者应以仁对待敌国，尽量不要发动战争，不让民众遭受战争的苦难。只有在不得已的非常规情况下，战争才具有合理性和必然性，执政者才可以通过发动战争的方式解决问题。好战必亡，忘战必危。执政者虽不应该主动发起战争，但也不应忘记备战，防止被他国不仁对待或被他国武装侵略。

3. 夫将者，国之辅也。辅周则国必强，辅隙则国必弱。
——《孙子兵法·谋攻篇》

【原文】

夫将者，国之辅也①。辅周②则国必强，辅隙③则国必弱。

【注释】

① 国：指国君。辅：辅佐。

② 辅周：辅佐周到。

③ 辅隙：辅佐有漏洞、缺陷。

【译文】

将帅是国君的辅佐，辅佐得缜密周详，国家就必然会强大，辅佐有疏漏失当，国家就必然会衰弱。

【评析】

贤君能臣，天子垂拱而治，臣下尽屯执事，向来是中国政治体制的理想模式。官吏的谏言对于治理国家极为重要。在《六韬》中，太公论及文伐之道时曾提出，若阻断一个国家国君与忠臣的正常交流，会使君臣上下离心离德，会增大攻陷该国的可能性。

4. 故明君慎之，良将警之。此安国全军之道也。——《孙子兵法·火攻篇》

【原文】

夫战胜攻取，而不修其功者凶①，命曰"费留"②。故曰：明主虑③之，良将修之④，非利不动，非得不用⑤，非危不战。主不可以怒而兴师⑥，将不可以愠⑦而致战；合于利而动，不合于利而止。怒可以复喜，愠可以复悦，亡国不可以复存，死者不可以复生。故明君慎之，良将警之，此安国全军⑧之道也。

【注释】

① 不修其功者凶：不能巩固其胜利成果的就很危险。修，修治，这里引申为巩固。凶，祸，这里是危险的意思。

② 命曰费留：这就叫作"白费"（指白白耗费财力、物力）。命，

名，叫作。费留，曹操注云："若水之留（流），不复还。"水不复还即"白流"。一说"费留"是指耗费时日，久留外地。

③虑：考虑。

④修：这里有研究的意思。

⑤非得不用：不能取胜就不用兵。得，得到，收获，这里有取胜的意思。用，指用兵作战。

⑥兴师：兴兵作战。

⑦愠（yùn）：愤怒，恼怒。

⑧全军：保全军队。

【译文】

凡是打了胜仗，攻取了土地城邑，而不能巩固其胜利成果的就很危险，这种情况叫做"费留"。所以说，明智的君主要慎重地考虑这个问题，贤良的将帅要认真研究这个问题。形势不利就不行动，没有取胜的把握就不用兵，不到危急关头就不开战。君主不能因一时之怒而发动战争，将帅不可因一时之怒而出兵作战。符合国家利益就行动，不符合国家利益就停止。愤怒可以重新变为欢喜，恼怒可以重新转为高兴，但是国家灭亡了就不能复存，士卒死了也不能再生。所以，聪明的君主应该慎重对待战争，优良的将帅应该警惕战争，这才是安定国家和保全军队的重要原则。

【评析】

治理国家应慎重对待战争。执政者不应因为个人的喜好或情感而随意发起战争。执政者要尽量使用不战而胜的方法达成目标，减少物资消耗和人员伤亡。出色的执政者应该不为情所动，在任何情况下都能保持平静的心态，冷静分析、慎重权衡战争的利弊得失，不轻易发动战争。

5. 其用战也胜，久则钝兵挫锐，攻城则力屈，久暴师则国用不足。——《孙子兵法·作战篇》

【原文】

孙子曰：凡用兵之法，驰车①千驷②，革车③千乘④，带甲⑤十万，千里馈⑥粮，则内外⑦之费，宾客⑧之用，胶漆之材⑨，车甲之奉⑩，日费千金⑪，然后十万之师举⑫矣。

其用战也胜，久则钝兵挫锐⑬，攻城则力屈⑭，久暴⑮师则国用不足。夫钝兵挫锐，屈力殚货，则诸侯乘其弊而起，虽有智者，不能善其后矣。

【注释】

① 驰车：轻型战车。

② 驷：四匹马，此指四匹马拉的战车。

③ 革车：重型战车，用以运载粮草、辎重。

④ 乘（shèng）：四匹马拉的一辆战车。

⑤ 带甲：披甲，此指全副武装的士兵。

⑥ 馈：运送，供应。

⑦ 内外：指前方和后方。

⑧ 宾客：各诸侯国的使节和游士。

⑨ 胶漆之材：指制作与维护弓矢等武器装备所需的胶、漆等物资。

⑩ 奉：费用。

⑪ 千金：千斤铜钱，泛指费用之多。金，古代以铜制钱，一斤铜为一金。

⑫ 举：出动。

⑬ 钝兵挫锐：军队疲惫，挫伤锐气。钝，通"顿"，困乏、疲惫。

⑭ 屈（jué）：竭、尽。

⑮ 暴（pù）："曝"的本字，意为在阳光下晒东西，引申为暴露。

五、兵　家

【译文】

孙子说：凡用兵作战的一般情况，要出动轻型战车千辆，重型战车千辆，军队十万人，还要从千里之外运送粮食，那么前方后方的费用、招待使节、游士的用度，制作与维护作战器材的经费，维修车辆盔甲的开支，每天都要耗费巨资，然后十万大军才能出动。

用这样的军队去作战，速胜，旷日持久就会使军队疲惫，锐气挫伤，攻城就会使兵力耗尽，长期在外作战就会使国家财政亏空。如果军队疲惫、锐气挫伤、力量耗尽、财政枯竭，各诸侯国就会乘机前来进攻。到那时，即使有足智多谋的人，也无法收拾残局了。

【评析】

战争会消耗甚至破坏大量的国家资源，对国家政治、经济等各方面产生负面影响。除非不得已，否则不要进行战争。但万一不得已陷入战争，应当尽量速战速决，兵贵神速，要防止因拖沓造成更多的损害，尽可能将损失最小化。持久战和消耗战对双方都不利。

6. 战胜，则所以在亡国而继绝世也。战不胜，则所以削地而危社稷也。——《孙膑兵法·见威王》

【原文】

孙子见威王，曰："夫兵①者，非士恒埶也②。此先王之傅道③也。战胜，则所以在亡国而继绝世也④。战不胜，则所以削地而危社稷⑤也。是故兵者不可不察。然夫乐兵⑥者亡，而利胜⑦者辱。兵非所乐也，而胜非所利也。"

【注释】

① 兵：这里指军事、战争。

② 士：借为"恃"，依靠。意谓军事上不能依靠固定不变的形势。埶：借为"势"，指形势。《孙子兵法·虚实》："故兵无常势，水无常形，能因敌变化而取胜者，谓之神。"

③ 傅道：整理小组认为"傅"为"传"字之误。传道，指先人传下来的事理。《周礼·训方氏》"诵四方之传道"，郑注云："传道，世世所传说古往之事。"一说"傅"当借为"敷"，布，施。

④ 孙膑这句话的意思是说战争的胜负关系到国家的存亡。在，存。《孙子兵法·计篇》："兵者，国之大事，死生之地，存亡之道，不可不察也。"与孔子的"兴灭国，继绝世"含义不同。

⑤ 社：土神。稷（jì）：谷神。古代以社稷作为国家的代称。

⑥ 乐兵：好战。《司马法·仁本》："国虽大，好战必亡。"

⑦ 利胜：贪图胜利。

【译文】

孙子拜见齐威王时说："在战争中不能仗恃某种固定不变的模式，这是先王传下来的道理。打了胜仗，就能挽救濒于灭亡的国家、承继濒于断绝的世系。打了败仗，领土就会被削割、国家就会受到危害。所以，对用兵作战的事不能不做认真的考察。那些好战的人就会导致亡国，贪求胜利的人就会导致受辱。所以说，打仗不是好玩的，而胜利了也不一定就能得到利益。"

【评析】

战争胜败，对于国家具有极其重大的影响。好战必亡，决不能以战争为乐，即所谓"战，非所乐也。"但同时，忘战必危。欲使国家富强，不应主动发起战争，但也不能不防患未然，不能忽视战争发生的可能性及其带来的灾难性后果。

7. 吾闻素信者昌，立义……用兵无备者伤，穷兵者亡。——《孙膑兵法·威王问》

【原文】

孙子出而弟子问曰："威王、田忌，臣主之问何如？"

五、兵　家

孙子曰："威王问九，田忌问七①，几②知兵矣，而未达于道③也。吾闻素信者昌④，立义⑤……用兵无备者伤，穷兵⑥者亡。齐三世其忧矣⑦。"

【注释】

① 威王问九，田忌问七："九"和"七"疑指威王与田忌所问问题的数目。据上文，威王所问有"两军相当……""我强敌弱……""敌众我寡……""我出敌出……""击穷寇""击均""以一击十""地平卒齐……""令民素听"九个问题，田忌所问有"患兵者何也……""……奈何""行阵已定……""兵之急者""张军毋战""敌众且武必战""锥行者何也……"七个问题，与此处所说的数字正相符合。

② 几：在这里是接近、大体的意思。

③ 未达于道：意谓还没能达到掌握战争规律的境地。

④ 素信者昌：平素守信用的就会昌盛。

⑤ 立义：指伸张正义。

⑥ 穷兵：指穷兵黩武。

⑦ 齐三世其忧矣：齐国三代以后就令人担忧了。齐国在威王、宣王时，国势很强，至湣王末年为燕国所败之后，国势遂衰。自威王、宣王至湣王，恰为三世。由此看来，孙膑兵法有可能是孙膑后学在湣王以后写定的。一说"三"作概数讲，泛指几代以后。

【译文】

孙子出来后他的门徒弟子问道："威王、田忌君臣二人所提出来的问题怎么样？"

孙子回答说："威王问了九个问题，田忌问了七个问题，他们大体上懂得用兵了，但还没有达到掌握用兵规律的程度。据我所闻，平素守信用的国家就会昌盛，伸张正义……用兵作战而不事先作好充分准备的国家必然受到损害。穷兵黩武的国家必然会遭到灭亡。齐国再经历三代，它的命运就令人担忧了。"

【评析】

齐威王和田忌并非庸主与佞臣，相反他们一心为国，向孙子虚心求教。在孙子看来，二人对于兵道的理解谈不上深刻，只看到了战争的部分面相。孙子因此推断齐国三世之后有亡国的危险。"忘战必危"，平时应做好训练、随时备战，以待战时，以免陷入穷兵黩武之困局而不能自拔。

8. 圣人绥之以道，理之以义，动之以礼，抚之以仁。此四德者，修之则兴，废之则衰。——《吴起兵法·图国》

【原文】

吴子曰："夫道者，所以反本复始；义者，所以行事立功；谋者，所以违害就利；要者，所以保业守成。① 若行不合道，举不合义，而处大居贵，患必及之。是以圣人绥之以道，理之以义，动之以礼，抚之以仁。② 此四德者，修之则兴，废之则衰。故成汤讨桀而夏民喜说③，周武伐纣而殷人不非。④ 举顺天人，故能然矣。"

【注释】

① 要者，所以保业守成：意谓要领是用来保全国基、守护功业的。要，要领，纲领，此处指统治者必须把握的政治上的关键问题。

② 圣人绥之以道，理之以义，动之以礼，抚之以仁：意谓圣人用道来安抚百姓，用义来治理百姓，用礼来规范百姓，用仁来爱抚百姓。绥，安，安抚。动，移动，变动，这里是约束、规范的意思。

③ 说：通"悦"。

④ 故成汤讨桀而夏民喜说，周武伐纣而殷人不非：成汤，商朝开国君王。亲自率兵与夏桀战，败之于鸣条（今河南封丘东），推翻了夏朝政权。桀，夏朝末代君王，又称"夏桀"，帝发之子，为政暴虐，生活荒淫，百姓不堪。周武代纣，指的是周武王打败商纣王以周代商。

【译文】

吴起说:"道,是用来返回宇宙万物本源、回归原始人性善端的;义,是用来实行征伐以建功立业的;谋略,是用来避害趋利的;要领,是用来保全国基、守护功业的。如果行为与道不合,举动与义不符,却握有大权,位居显贵,灾患必将降身。所以圣人用道来安抚百姓,用义来治理百姓,用礼来规范百姓,用仁来爱抚百姓。这四种德行,统治者实施了国家就兴盛,废弃了国家就衰败。所以商汤讨伐夏桀,夏朝民众高兴;周武王讨伐商纣王,商朝民众不反对。他们的举动顺应天理和民意,所以才能有这样的结果。"

【评析】

吴起的军事思想带有着浓厚的儒家思想底色。在这一段话中,吴起指出,道义礼仁四种价值是凌驾于军事之上的,或者说本身便比战争高了一个维度。道义礼仁四者具备与否,是国家盛衰的关键。商汤讨夏桀,武王伐殷纣,百姓依附顺从,并非军事实力所决定的,而是讨伐方修备了道义礼仁的缘故。

9. 天下非一人之天下,乃天下之天下也。同天下之利者,则得天下;擅天下之利者,则失天下。——《六韬·文师》

【原文】

文王曰:"树敛若何,而天下归之?"

太公曰:"天下非一人之天下,乃天下之天下也。同天下之利者,则得天下;擅天下之利者,则失天下。天有时,地有财,能与人共之者仁也。仁之所在,天下归之。免人之死,解人之难,救人之患,济人之急者,德也。德之所在,天下归之。与人同忧同乐,同好同恶者,义也。义之所在,天下赴之。凡人恶死而乐生,好德而归利,能生利者,道也。道之所在,天下归之。"

【译文】

文王说:"如何建立凝聚力才能使天下归顺呢?"

太公说:"天下不是一个人的天下,是天下人的天下。能够与天下人共享天下之利,就可得到天下;若独占天下人的利益,那么就会失掉天下。天有时运变化,地有财富衍生,能够与天下人共同享受天时地财的,就是仁;仁所在之处,天下人都会归向那里。免除人们的死难,消除人们的灾难,解救人们的祸患,救济人们的急难,能做到这些就是有德之君。有德之君所在之处,天下人会向那个地方聚拢。能与人们同忧同乐、同好同恶的,就是有义之君。有义之君所在之处,天下人会向那个地方奔赴。一般人厌恶死亡而乐于活着,喜好收获而趋利避害,能使天下人都获得利益的,是得道之君。得道之君所在之处,天下人会向那个地方聚拢。"

【评析】

文王与太公这一段对话,可以说是好问遇上了好答。文王作为君主,并不拘泥于一城一池的得失,开口问的便是如何使天下归顺。此等胸怀,与其他问道于兵家的君主相比,高下立判。而太公所答,也没有让文王失望。"天下者,非一人之天下,乃天下人之天下。"此言一出,振聋发聩,太公与其他谋士的区别也变得显而易见了。且不说具体如何论述,只看二人立意之宏高,瞩目之深远,便足以傲视后世君臣。再看太公所教:仁义道德所在,天下归之。不用刀兵,仁义道德足够让万民倾心,天下仰德。

10. 君不肖,则国危而民乱;君贤圣,则国安而民治。祸福在君,不在天时。——《六韬·盈虚》

【原文】

文王问太公曰:"天下熙熙①,一盈一虚,一治一乱。所以然者,何也?其君贤不肖不等乎②?其天时变化自然乎?"

太公曰："君不肖，则国危而民乱；君贤圣，则国安而民治。祸福在君，不在天时。"

【注释】
① 熙熙：纷杂，人多。或说广大。
② 不肖：不贤。

【译文】
文王问太公说："天下纷纭而繁杂，时而兴盛，时而衰败，时而安定，时而动乱。之所以这样是为什么呢？是君主有贤明与不贤明的不同呢？还是天时变化自然形成的呢？"

太公说："君主不贤明，那么国家就面临危险，百姓就会叛乱。君主贤明，那么国家就太平，人民就会安定。国家的祸福取决于君主的贤明与否，与天时无关。"

【评析】
文王问太公，天下治乱交替，是执政者的问题呢，还是自然规律呢？太公毫不留情地将之归因于执政者的个人品德问题，即"王无罪岁，斯天下之民至焉"。欲使政治清明、国泰民安，执政者应当贤明，治国有方。不肖的执政者，会使社会陷于混乱、国家陷于危机。

11. 故义胜欲则昌，欲胜义则亡；敬胜怠则吉，怠胜敬则灭。——《六韬·明传》

【原文】
见善而怠①，时至而疑，知非而处，此三者道之所止也。柔而静，恭而敬，强而弱，忍而刚，此四者道之所起也。故义胜欲则昌，欲胜义则亡②；敬胜怠则吉，怠胜敬则灭。③

【注释】

① 怠：轻慢，不恭敬。

② 义：合宜的道德、行为。

③ 敬：严肃慎重，尊重，着重指内心方面。

【译文】

见到国势良好就松懈，时机到来却迟疑不决，明知不对却安然处之，这三项是造成道终止的原因。柔和而平静地修养，恭谦而敬慎地待人，强弱兼济地接物，有容忍有刚正地处理政务，这四项，是道开始兴盛的原因。所以义理战胜了欲望则国家就会昌隆，欲望战胜了义理则国家就会衰亡。敬慎战胜懈怠那么就会顺利，懈怠战胜敬慎那么就会衰亡。

【评析】

执政者拥有治国安民之道后，还会失去吗？答案是肯定的。若执政者有止步不前、优柔寡断、明知故犯这三个缺点，先圣之道便会消失不在了。事在人为，执政者应诚勉自省，在制订法度以治天下人、将宝剑悬于他人头顶的同时，同样也要将宝剑悬于自己头顶，时刻审视、反省自己，使自己"柔而静，恭而敬，强而弱，忍而刚"，以义理战胜自己的欲望，严谨、慎重对待国事，永不懈怠。如此，国家便会昌盛。

12. 臣无富于君，都无大于国。六守长，则君昌。三宝全，则国安。——《六韬·六守》

【原文】

大农、大工、大商①谓之三宝。农一其乡，则谷足；工一其乡，则器足；商一其乡，则货足。三宝各安其处，民乃不虑。无乱其乡，无乱其族。臣无富于君，都无大于国②。六守长，则君昌。三宝全，则国安。

五、兵　家

【注释】

① 大农、大工、大商：在农、工、商之前加大字是表示强调的意思，指农业、手工业、商业。

② 都：指大的城邑。国：国都，京城。

【译文】

农业、手工业、商业，就是三宝。使农民聚集于一乡，那里的粮食就丰足了；使工匠聚集于一乡，那里的器具就充足了；使商人聚集于一乡，那里的货物就会囤积充足了。三宝各得其所，百姓就不会焦虑不安。不扰乱他们的乡，不破坏他们的家族。不要让臣子比君主富足，不要让城邑的规模大于国都，"六守"长久稳固地坚持，国家就可以昌隆。"三宝"能够齐全完整，国家就会安定。

【评析】

农业、手工业与商业是治国安民的三宝。六守则是驭士择士之法。依据其特性对这些因素赋予不同程度的重视，综合运用之，使其彼此相互配合，充分发挥他们的作用，有助于国家安定、繁荣的实现。

六、杂　家

1. 经起秋毫之末，挥之于太山之本。——《鬼谷子·抵巇》

【原文】

因化说事，通达计谋，以识细微。经起秋毫之末①，挥之于太山之本②。

【注释】

① 秋毫之末：指动物秋季所生出的细毛，形容细小。
② 太山：泰山。

【译文】

（在自保基础上，）圣人再根据客观情况的变化来筹划计谋和制定弥补的策略，并运用此来辨识细微缝隙产生的原因。事物常常由细小的状态引发，如果任其发展下去，由小到大，就会撼动泰山的根基。

【评析】

微缝刚刚出现时，会有征兆可寻。这时执政者应当及时治理、堵塞、击退它，甚至可以趁机用适当的途径取而代之。若任其发展，即使其雄如泰山，也会根基动摇，山崩地裂。这就是抵巇之术的基本要义。亡羊补牢为时不晚。当国家危机萌生之时，执政者应有足够敏锐的察觉能力，并且要及时快速地采取措施加以解决，防微杜渐，防止危机的滋生和扩大。

2. 圣人所贵道微妙者，诚以其可以转危为安，救亡使存也。——《鬼谷子·中经》

【原文】

圣人所贵道微妙者，诚以其可以转危为安，救亡使存也。

【译文】

圣人之所以尊重微妙的道义，是因为道义确实能够使家庭和国家转危为安，救亡图存。

【评析】

圣人尊重道义，救国家于危亡之中。小人用旁门左道迎合对方，不顾国家安危。执政者要坚守底线，以圣人的智慧、合于道义的方法来治国，及时救国家于危亡之中，实现国家的长治久安。任何时候，都不能使用小人惯用的卑劣手段来治世。

3. 民之望兵，若待父母。是故，天下一旦而定，有四海。——《逸周书·允文解》

【原文】

执彼玉珪，以居其宇①。庶民咸耕，童壮无辅②。无拂其取③，通其疆土。民之望兵，若待父母④。是故，天下一旦而定，有四海。

【注释】

① 玉珪：贵族的礼器。宇：豪华居室。
② 辅：当为侮，音近而讹。即老幼无欺。
③ 拂：逆也。取：通"趣"，即意趣，指心中所想。

④ 望：盼望。待：等待。

【译文】

达官贵人手执玉器，住在他们的殿宇。老百姓人人耕种，老幼无有欺诈。不违背他们的心意，国内通行无阻。民众盼望我军，如同等待父母。所以，天下一日就可平定，从而有四海。

【评析】

治国理政的策略，不能与民众意愿背道而驰。执政爱民，则民爱其国。民爱其国，则可"王天下"。全国上下一心，君臣各司其职，爱护百姓，民众福祉就令得到保障，天下才能太平。

4. 畏严大武，曰维四方，畏威乃宁。——《逸周书·大明武解》

【原文】

畏严大武①，曰维四方，畏威乃宁②。天作武，修戎兵，以助义正违顺天行③。五官，官候厥政，谓有所亡④。

【注释】

① 畏：威。大武：神圣的武事。

② 曰：发语词。维：同"唯"。宁：安宁。

③ 戎：戎行，指军队。兵：武器。义：宜也，指正义之事。正违：矫正违义之事。

④ 五官：司徒、司马、司空、司士、司寇。官候厥政：指官吏视其政事，即恪守其职。候，视也。谓：通"为"。亡：失，过失。此句意即，为其有失，故五官必恪守其职。

六、杂　家

【译文】

威武神圣的战事，只有畏惧它的威严，四方才能安宁。上天安排武事，整治军队兵器，以匡扶正义和矫正不义来顺从天意。设五官，为其有失，五官当恪守其职。

【评析】

战争是一件神圣的事情，也是一件残酷的事。人们只有感受到战争之威，对战争感到畏惧，才会珍爱和平。战争，会导致政局不稳定，众多资源消耗殆尽，百姓苦不堪言，甚至流离失所。因此，任何时候都不能轻易开启战事。

5. 备思地，思地慎制，思制慎人，思人慎德，德开，开乃无患。——《逸周书·程典解》

【原文】

余体民，无小不敬①，如毛在躬，拔之痛，无不省②。政失患作，作而无备，死亡不诫③，诫在往事，备必慎④，备思地，思地慎制，思制慎人，思人慎德，德开，开乃无患⑤。

【注释】

① 体：体察。民：指民事。无：同"毋"，毋小，不要以为事情小。敬：严肃、慎重、重视。

② 毛：谓汗毛。躬：身也。省：察也。

③ 患：灾难。作：发生。备：防备、准备。死：死亡。亡：同"毋"，不要。诫：同"戒"，戒备、警戒。

④ 慎：谨慎、慎重。"慎"下"备"字衍。

⑤ 按上"思地"当作"慎地"。慎地，谓谨慎土地方面的事。思：虑也。制：制度。人：指人事。德：道德。开：达也。

【译文】

不要因为事小而不重视。如同毛发在身,拔它会痛,不得不仔细。政事失误就有灾难发生。发生灾难而无准备,就会死亡,所以不能不警戒。用往事警戒将来,准备一定要谨慎。慎重对待土地之事,就要考虑到土地;慎重对待制度的事,就要考虑到制度;慎重对待人事,就要考虑到人。慎重对待道德,道德才能通达;道德通达,才没有忧虑。

【评析】

制度、人事、土地事关治国理政之根本,应谨慎对待。上位者,应慎重对待和处理身边围绕的各种大小事,切勿因其事情看起来微小而不去重视。很多事情在即将发生之前,就应该及时地关注与妥善处理,这样,国家才能够无内忧之患。

6. 维德之用,用皆在国。谋大,鲜,无害。——《逸周书·小开解》

【原文】

人之好佚而无穷,贵而不傲,富而不骄,两而不争,闻而不遥,远而不绝,穷而不匮者,鲜矣①。汝谋斯何向非翼②,维有共枳,枳亡重,大害小,不堪柯引③。维德之用,用皆在国④。谋大,鲜,无害⑤。

【注释】

① 佚:安逸也。无穷:无尽,指有所节制。两:两年等同。遥:通"摇",飘摇,指飘飘然。匮:宜作溃,当指思想颓废,意志溃败。

② 何:何不。非:读为彼,黄氏说。翼:边翼,指与主体相对的部分。

③ 枳:枝也。以枝喻辅佐者。"共枳"难明,疑是"其枳"。重:多也。柯:斧柄。引:取。

④ 维德之用:唯用德,只用有道德之人。维:同"唯",只。之:

犹"是"。

⑤ 大：大事。鲜：善。

【译文】

人喜欢逸乐而又有所节制，地位高而又不傲慢，富有而不骄奢，与同辈相处而不争胜好强，有名望而不飘飘然，被疏远而不绝交友人，遭困穷而不颓唐，这种人很少啊。你们的计谋为何不想到那边翼之处？如同那些树枝，树枝不能多，且大枝害小枝，又经不起斧头砍伐。国家只重用有道德的人，而且都用于国家，并且计谋大事，计谋得好，国家就无危害。

【评析】

治国应当重用道德品德高尚的人，与他们共谋国家稳定与发展的大事。国家在选任官员时，应当将道德作为重要的评判指标。只有人人重道德、守信用，社会风气才会变好，百姓才能安居乐业，国家才会得到有效的治理。

7. 民归于德，德则民戴，否则民仇。——《逸周书·芮良夫解》

【原文】

予小臣良夫稽首谨告天子：惟民父母，致厥道①，无远不服，无道，左右臣妾乃违。民归于德②，德则民戴，否则民仇。

【注释】

① 天子："子"上脱"天"字，《治要》有。致：至达、尽到。厥道：谓天子应行之道。应尽的职责。

② 归：聚、向也。德：恩德。

【译文】

我小臣良夫叩头谨告天子：作为百姓的父母，只要尽到他的职责，远方人没有不服从的。如果不讲道义，身边的臣妾也会背离。百姓归向恩德，有德则百姓会拥戴，无德则百姓就仇恨。

【评析】

民如水，君如舟。恩德之君应当行天之道，视民如子，爱民如子，尽其责而为民服务。如此，则百姓会信服、归附并追随之。若不顾民众死活，就是无道昏君。一旦引起臣子背离，百姓仇恨，社会将陷入混乱。

8. 善为国者，使之有行。——《逸周书·周祝解》

【原文】

故日之中也仄，月之望也食；威之失也阴食阳。善为国者，使之有行①。是彼万物必有常②，国君而无道以微亡。

【注释】

① 使之有行：谓使国家臣民有等列。行，音"杭"，行列。
② 是：读为"视"，观也，借字。常：规律。

【译文】

所以，太阳到中天就偏斜，月亮圆了就亏缺，威严一失大臣凌驾君之上。善于治国的，要使百姓有生路。看那些万物一定有常规，国君无道会逐渐败亡。

【评析】

善于治理国家的执政者，应当爱护百姓，使自己的治理符合道义，符合常规。不符合道义、常规的治理，会使得百姓苦于生计。没有生路的百姓，会反对甚至抛弃执政者。失去民心的国家，执政根基就会动摇。

9. 凡建国君民，内事文而和，外事武而义。——《逸周书·论武纪》

【原文】

凡建国君民①，内事文而和，外事武而义，其形②慎而杀③，其政直而公。本之以礼，动之以时，正之以度。师之以法，成之以仁，此之谓也。

【注释】

① 君民：统治人民。君，用作动词，统治。
② 形：通"刑"。
③ 杀：降等，减少，指减轻刑罚。

【译文】

凡是建立国家统治人民，对内要用文德而和衷共济，对外要用武力而合于正义，用刑谨慎并且减轻刑罚，政事正直并且保持公平。以礼义为根本，按时节而行动，用法度作标准，用律令为榜样，用仁义去成事，这说的就是建国治民。

【评析】

兵者，凶器也。治理国家不得滥用刑罚和战争。中国古人对战争向来采取审慎态度，主张不打无义之战。在他们看来，对外使用武力，必须基于迫不得已的情形，且要合乎正义。

编写说明

国家安全战略是国家根本利益的集中体现,关系到国家和民族的兴衰存亡。当前,虽然国内外安全态势总体上相对稳定,但当今世界仍然不甚安宁,安全威胁、冲突和挑战不时显现。为了更好地维护国家生存和发展利益,党的十八大以来,以习近平同志为核心的党中央高瞻远瞩地提出总体国家安全观,并对之进行相关理论阐发。

历史是现实的基石。中国古人始终视国家的安危存亡为头等大事,很早就对国家安全问题展开战略性思考和精辟论述,并进行了很多难能可贵的实践性尝试,留下了极为丰富的涉及政治、军事、经济等诸方面的国家安全思想遗产,集中反映了中华民族在认识和处理国家安全问题上的高超智慧。特别是,先秦诸子在处理国家安全事务方面有着独到而丰富的思考,值得认真研究。

为此,我们组织团队对先秦诸子关于国家安全的经典论述进行系统的收集和梳理,历时六年,经过反复斟酌筛择,精选出具有重大历史影响和现实借鉴意义的经典论述约200条,并对其进行必要的注释、白话翻译和评析,努力揭示其思想内涵、历史作用和借鉴价值,旨在为思考当前和未来的国家安全问题及构建中国特色国家安全理论体系提供知识力量。

为方便读者阅读,本书内容均采用简体字,个别用简体字可能造成句意误解的情形下则保留繁体字。现对本书所引用或参照的古籍版本以及注释、翻译依据特作如下统一说明:

儒家部分,除《荀子》外,皆以中华书局2009年出版的阮元校刻

《十三经注疏·清嘉庆刊本》为底本,《荀子》则以中华书局1988年版《新编诸子集成》所收王先谦的《荀子集解》为底本,此部分的注释、译文、文字标点的形成等也在引用或参考下列著作的基础上完成。

[1] 杨天才,张善文译注:《周易》,中华书局2011年版。

[2] 顾迁译注:《尚书》,中华书局2016年版。

[3] 王世舜译注:《尚书》,中华书局2011年版。

[4] 王秀梅译注:《诗经》,中华书局2015年版。

[5] 杨伯峻译注:《论语译注》,中华书局2009年版。

[6] 陈晓芬译注:《论语·大学·中庸》,中华书局2011年版。

[7] 郭丹译注:《左传》,中华书局2012年版。

[8] 陈桐生译注:《国语》,中华书局2013年版。

[9] 胡平生,张萌译注:《礼记》,中华书局2017年版。

[10] 杨伯峻译注:《孟子译注》,中华书局2005年版。

[11] 安小兰译注:《荀子》,中华书局2007年版。

[12] 方勇,李波译注:《荀子》,中华书局2011年版。

墨家部分,《墨子》以中华书局1986年版《新编诸子集成》所收孙诒让的《墨子闲诂》为底本,此部分的注释、译文、文字标点的形成等也在引用或参考下列著作的基础上完成。

[1] 李小龙译注:《墨子》,中华书局2011年版。

[2] 方勇译注:《墨子》,中华书局2015年版。

道家部分,《道德经》原文依据最通行的以楼宇烈校释的中华书局2011年版传世本王弼《老子道德经注》为底本,参校河上本、傅奕本、范应元本、景龙碑本等其他传世本。《黄帝四经》原文以《马王堆汉墓帛书(壹)》为底本。《列子》原文以中华书局1979年版《新编诸子集成》所收杨伯峻的《列子集释》为底本。《庄子》以中华书局1986年版《新编诸子集成》所收郭庆藩的《庄子集释》为底本。《文子》以《四部备要》所收杜道坚的《通玄真经缵义》为底本,此部分的注释、译文、文字标点的形成等也在引用或参考下列著作的基础上完成。

[1] 王孺童著:《道德经讲义》,中华书局2013年版。

[2] 汤漳平，王朝华译注：《老子》，中华书局 2014 年版。

[3] 谷斌，张慧姝，郑开译注：《道学经典注译·黄帝四经注译：道德经注译》，中国社会科学出版社 2004 年版。

[4] 陈鼓应注译：《黄帝四经今注今译》，中华书局 2016 年版。

[5] 张景，张松辉译注：《黄帝四经、关尹子、尸子》中华书局 2020 年版。

[6] 景中译注：《列子》，中华书局 2007 年版。

[7] 叶蓓卿译注《列子》，中华书局 2011 年版。

[8] 孙通海译注：《庄子》，中华书局 2007 年版。

[9] 方勇译注：《庄子》，中华书局 2010 年版。

[10] 李德山译注：《文子译注》，黑龙江人民出版社 2004 年版。

法家部分，《管子》原文主要依据中华书局 2004 年版《新编诸子集成》所收黎翔凤撰、梁运华整理的《管子校注》为底本。《商君书》主要依据中华书局 1986 年版《新编诸子集成》所收蒋礼鸿的《商君书锥指》为底本。《韩非子》以南京大学"《韩非子》校注组"（实际负责人为周勋初）的江苏人民出版社 1982 年版《韩非子校注》为底本。《邓析子》以陈高傭译注的商务印书馆 2017 年版《公孙龙子、邓析子、尹文子今解》为底本，此部分的注释、译文、文字标点的形成等也在引用或参考下列著作的基础上完成。

[1] 李山，轩新丽译注：《管子》，中华书局 2019 年版。

[2] 耿振东译注：《管子译注》，上海三联书店 2018 年版。

[3] 石磊译注：《商君书》，中华书局 2011 年版。

[4] 周晓露译注：《商君书译注》，上海三联书店 2018 年版。

[5] 高华平，王齐洲，张三夕译注：《韩非子》，中华书局 2015 年版。

[6] 陈高傭译注：《公孙龙子、邓析子、尹文子今解》，商务印书馆 2017 年版。

兵家部分，《司马法》《吴子》《六韬》原文皆以涵芬楼《续古逸丛书》影印宋刊《武经七书》为底本。《孙子兵法》以杨丙安校理的《十一家注孙子校理》为底本,《孙膑兵法》原文以文物出版社1985年版为底本,此部分的注释、译文、文字标点的形成等也在引用或参考下列著作的基础上完成。

［1］陈曦译注:《吴子、司马法》,中华书局2018年版。

［2］陈曦译注:《孙子兵法》,中华书局2011年版。

［3］陈曦译注:《六韬》,中华书局2016年版。

杂家部分,《鬼谷子》原文以中华书局2010年《新编诸子集成续编》所收录的《鬼谷子集校集注》为底本。《逸周书》以朱右曾氏的《逸周书集训校释十卷》为底本,此部分的注释、译文、文字标点的形成等也在引用或参考下列著作的基础上完成。

［1］许富宏译注:《鬼谷子》,中华书局2012年版。

［2］张闻玉译注:《逸周书全译》,贵州人民出版社2000年版。

参与本次编撰工作的主要有肖潇、岳晋缘、张启航、王申萌、陈李君、陈媛媛、王雅倩、魏倩、周欣宇、张毅、陈德贝、杜强、袁智飞、赵丹、孙庆帅、边宗旺、孙涛、叶娜、石亿万、杨萌、陈强、汪恩东、许思敏、秦志超、胡雯琦、王鸣杰、李洋、杨悦、张静、陈驰宇、黄崧峰、董宇凡、李丽杰、高巧婷、丘洁榆、林幸、李良军、韦惜宇、熊浩、孙永波、王冉霁等。肖潇、岳晋缘、张启航对稿件进行汇总与初核;陈翠玉对稿件进行了多轮审核,修订,敲定终稿。本次编撰得到西南政法大学科研处、西南政法大学国家安全学院及行政法学院相关领导的支持和帮助,在此一并表示感谢。爬梳古籍殊为不易,虽慎之又慎,反复推敲,然差错仍在所难免。恳切希望广大读者提出宝贵意见,以便日后修订完善。

编　者
2022年4月